THIRD EDITION

서강 한국어

WORKBOOK

1A

머리말

<서강한국어 Workbook 1A·1B>는 <서강한국어 Student's Book 1A·1B>의 부교재입니다. 학습자가 교실에서 배운 내용을 자가 학습하며 복습할 수 있도록 구성하였습니다.

<서강한국어 Workbook 개정 3판>은 기존 <서강한국어 Workbook>을 사용하신 선생님들과 학생들의 요구를 반영하여 다음과 같이 개편하였습니다.

1. <서강한국어 Student's Book>의 어휘·문법 페이지에서 말하기로 연습했던 내용을 써 볼 수 있는 연습 활동을 수록하였습니다.

2. <서강한국어 Student's Book>의 말하기 대화 1·2·3을 복습할 수 있는 연습 활동을 수록하였습니다.

3. <서강한국어 Student's Book> 읽고 말하기·듣고 말하기의 내용 이해 질문('나'번 문제)을 수록하여 말한 내용을 써 보도록 하였습니다.

4. <서강한국어 Student's Book> 듣고 말하기의 녹음 파일을 들으면서 스크립트 빈칸을 채워 볼 수 있는 연습 활동을 수록하였습니다.

5. 학습자의 최신 요구에 맞춰 TOPIK 유형으로 구성한 퀴즈를 2단원마다 수록하였습니다.

6. 말하기 인터뷰 시험 질문 목록과 더불어 TOPIK 말하기 시험 유형 질문을 수록하였습니다.

7. 학습자가 스스로 정답을 확인할 수 있도록 다양한 대답이 가능한 질문보다는 정확한 답이 있는 문제로 구성하였습니다.

8. 최근 학습자의 요구에 맞춰 효율적인 지면 구성으로 책의 두께를 기존보다 줄였습니다.

이 책이 한국어 학습자들에게 교실에서 배우는 내용을 체계적으로 학습하며 집에서 자기주도적 학습을 할 수 있는 교재가 되었으면 합니다. 또한 한국어 교수자들에게는 효율적인 피드백을 할 수 있는 유용한 교재가 되기를 바랍니다.

서강교수법의 밑거름이 된 <서강한국어> 초판과 뉴시리즈를 기획, 총괄하신
고(故) 김성희 선생님께 이 책을 바칩니다.

2024년 8월
서강대학교 한국어교육원 1급 연구개발진 일동

Sogang Korean Workbook 1A & 1B accompanies the Student's Book. It is designed for learners to study and review the material covered in the classroom.

The Workbook for the third edition of *Sogang Korean* has been revised in the following ways in response to feedback from teachers and learners who have used previous editions of the workbook.

1. The Workbook now includes writing exercises for material already covered in speaking exercises on the vocabulary and grammar page of *Sogang Korean Student's Book 1A & 1B*.

2. The Workbook now includes exercises for reviewing the three speaking dialogues in the Student's Book.

3. The Workbook now includes a question (under the heading "나") testing comprehension of the reading and speaking section and the listening and speaking section in the Student's Book, encouraging students to write what they have already practiced saying.

4. The Workbook now includes exercises for filling in the blanks of the listening and speaking scripts in the Student's Book while listening to recordings of those dialogues.

5. A TOPIK-style quiz now appears once every other chapter to serve the needs of students today.

6. The Workbook now includes a list of questions for the speaking interview test, along with sample questions for the TOPIK speaking test.

7. Multiple-choice questions are used instead of open-ended questions so that students can check their own answers.

8. Page layout is optimized to make the book thinner as many students have requested.

We hope that the Workbook will help learners systematically reinforce classroom lessons through self-guided home study. We also hope it will provide Korean language teachers with a convenient way to give their students feedback.

This book is dedicated to the memory of the late Kim Song-hee, who helped plan and supervise the first and second editions of the Sogang Korean series, laying the foundation for Sogang's unique pedagogical approach.

August 2024
Level one curriculum development team
Sogang University Korean Language Education Center

내용 구성표 Table of Contents

과 UNIT	학습 목표 LEARNING GOALS	학습 단어 VOCABULARY COVERED
한글 1 Hangeul1	아 어 오 우 으 이 ㅁ ㄴ ㄹ ㅇ	이, 오, 아이, 오이 이마, 나무, 오리
한글 2 Hangeul2	야 여 요 유 의 ㄱ ㄷ ㅂ ㅅ ㅈ 받침① ㅁ ㄴ ㄹ ㅇ	우유, 여우, 요리 구, 다리, 바다, 사, 모자 밤, 반, 발, 방
한글 3 Hangeul3	애 에 왜 웨 외 ㅋ ㅌ ㅍ ㅊ ㅎ 받침② ㄱ ㄷ ㅅ ㅈ	배, 가게, 돼지, 웨딩드레스, 왼손 카드, 사탕, 팔, 칠, 공항 책, 집, 곧, 옷, 낮
한글 4 Hangeul4	얘 예 와 워 위 ㄲ ㄸ ㅃ ㅆ ㅉ 받침③ ㅋ ㅍ ㅌ ㅊ ㅎ	얘기, 시계, 화장실, 더워요, 가위 까만색, 딸기, 바빠요, 싸요, 날짜 키읔, 잎, 솥, 꽃, 히읗

과 UNIT	제목 TITLE	기능 FUNCTION	말하기 SPEAKING	
			문법 GRAMMAR	어휘 VOCABULARY
준비 1 Preparatory Unit 1	반갑습니다 It's Nice to Meet You	인사하기 자기소개하기 Greetings, personal statement	명 이에요/예요	국적 직업 Countries and jobs
준비 2 Preparatory Unit 2	한국어 책이에요 It's a Korean Language Book	물건 이름 묻고 답하기 Asking what things are called	이게/저게	사물 Items
준비 3 Preparatory Unit 3	핸드폰 있어요? Do You Have a Cell Phone?	정보 요청하기 Asking for information	명 있어요/없어요	숫자① Numbers①
준비 4 Preparatory Unit 4	커피 주세요 I'd Like Some Coffee	주문하기 Asking questions	명 주세요	숫자② Numbers②
			준비 1~4과 복습 / 퀴즈 Preparatory Units 1~4: Review & Quiz	

내용 구성표 Table of Contents

앤디 씨가 여기에 있어요?
Is Andy here?

혹시 제 책이 교실에 있어요?
Is my book in the classroom by any chance?

집이 광화문에 있어요
My house is in Gwanghwamun

스터디 카페가 어디에 있어요?
Where is the study cafe?

이 근처에 ATM이 있어요?
Is there an ATM around here?

어디에 가요?
Where are you going?

오늘 오후에 공부해요?
Are you studying this afternoon?

서울은 오전 여덟 시예요
It's 8:00 AM in Seoul

내일 저녁 여섯 시에
시간이 있어요?
Are you free tomorrow at 6:00 PM?

몇 시에 운동해요?
What time are you exercising?

오늘 일본어를 가르쳐요?
Are you teaching Japanese today?

어디에서 한국 요리를 배워요?
Where are you learning Korean cooking?

체육관에서 태권도를 배워요
I learn taekwondo at the gym

같이 영화관에 가요
Let's go to the movie theater

금요일에 뭐 해요?
What are you doing on Friday?

언제 샀어요?
When did you buy it?

왜 안 갔어요?
Why didn't you go?

파티가 밤 열한 시에 끝났어요
The party ended at 11:00 PM

수잔 씨 집에서 뭐 했어요?
What did you do at Susan's house?

요리했어요. 그리고 청소도 했어요
I cooked and I also cleaned

명동에 어떻게 가요?
How do I get to Myeongdong?

지하철 2호선을 타세요
Take Subway Line 2

지하철로 학교에 가요
I take the subway to school

273번 버스를 타세요
Take Bus 273

KTX로 가세요
Take the KTX

산책하러 가요?
Are you going to take a walk?

북한산이나 관악산에 갈 거예요
I'm going to go to Mt. Bukhansan or Mt. Gwanaksan

한국어를 배우러 한국에 왔어요
I came to Korea to learn Korean

유럽에 여행 갈 거예요
I'm going to take a trip to Europe

휴가 때 뭐 할 거예요?
What are you going to do on vacation?

일러두기 How to Use This Book

워크북 사용 전, 해당 과의 학습 목표, 문법, 어휘와 표현을 확인하는 페이지입니다.

On this page, learners check the learning goals and target grammar, vocabulary and expressions of the unit in question before jumping into the Workbook.

문법 Grammar

Student's Book에서 배운 목표 문법의 형태 연습 문제입니다.

These activities drill the inflections of the target grammar from the Student's Book.

Focus

목표 문법의 형태 변화를 정리한 표입니다.

This table summarizes the inflections of the target grammar.

목표 문법의 대화 연습 문제입니다.

These are dialogue exercises for the target grammar.

어휘 Vocabulary

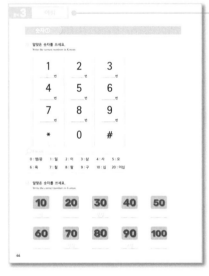

과에 따라 어휘 문제가 추가되는 경우도 있습니다.

Vocabulary exercises are added in some units.

대화 Dialogue

빈칸을 채우면서 대화 1·2·3의 내용을 확인합니다.

Fill in the blanks to check the content in the three dialogues.

읽고 말하기 Reading and Speaking

가

읽기 글에 나온 단어를 연습합니다.
Drill the words from the reading.

나

Student's Book의 읽기 글을 다시 읽고 내용 이해 질문에 대한 대답을 써 봅니다.
Read the passage from the Student's Book again and answer questions to check your comprehension.

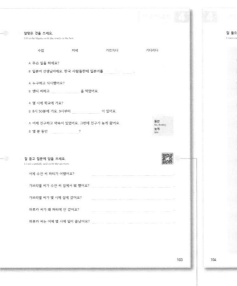

다

읽기 글을 다시 읽으면서 내용을 복습합니다.
Review the content while reading the passage again.

새 단어 New Vocabulary

Student's Book에서 배우지 않은 새 단어가 나오는 경우 영어 번역을 함께 실었습니다.
English translations are provided for new words not covered in the Student's Book.

듣고 말하기 Listening and Speaking

가

듣기에 나온 단어를 연습합니다.
Drill the words from the recording.

나

Student's Book의 듣기 내용을 다시 듣고 내용 이해 질문에 대한 대답을 써 봅니다.
Listen to the passage from the Student's Book again and answer questions to check your comprehension.

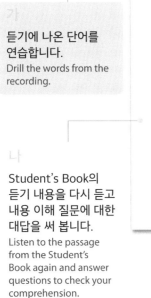

다

다시 들으며 내용을 복습합니다.
Review the content while listening to the recording again.

MP3 QR링크 MP3 QR Code

QR코드를 스캔하면 듣기 녹음 파일로 연결됩니다.
Scan the QR code to access a file of the recording.

복습 Review

가

2개 과에서 학습한 목표 문법으로 문형 표를 완성합니다.

Complete the inflection tables with the target grammar from the past two units.

나

목표 문법을 사용하여 질문에 대한 대답을 쓰는 연습을 합니다.

In this drill, answer the questions using the target grammar.

다

2개 과에서 배운 단어를 확인하고 알맞은 단어를 골라 문장이나 대화를 완성합니다.

Look over the words from the past two units and choose the best ones to complete the sentences or dialogues.

라

2개 과에서 배운 표현을 확인하고 알맞은 문장을 골라 대화를 완성합니다.

Look over the expressions from the past two units and choose the best ones to complete the dialogues.

퀴즈 Quiz

읽기 Reading

토픽 유형의 읽기 문제를 연습합니다.

Drill TOPIK-style reading questions.

듣기 Listening

토픽 유형의 듣기 문제를 연습합니다.

Drill TOPIK-style listening questions.

MP3 QR링크 MP3 QR Code

QR코드를 스캔하면 퀴즈 듣기 녹음 파일로 연결됩니다.

Scan the QR code to access a file of the recording.

말하기 Speaking

토픽 유형의 말하기 문제를 연습합니다.

Drill TOPIK-style speaking questions.

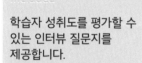
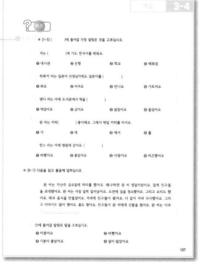

부록 Appendix

인터뷰 질문지 수록 Interview Questions Included

학습자 성취도를 평가할 수 있는 인터뷰 질문지를 제공합니다.

Sheets of interview questions are provided so that learners can assess their progress.

인터뷰 질문을 주제별로 묶어 제시하였습니다.

Batches of interview questions are provided for various topics.

정답 페이지 수록 Answer Key Included

목차 Contents

쓰세요.
Practice writing in the correct stroke order.

같이 써요

아	어	오	우	으	이
아	어	오	우	으	이

나	러	모	누	르	미
나	러	모	누	르	미

쓰세요.
Practice writing in the correct stroke order.

같이 써요

오	이	아	이	오	이
오	이	아	이	오	이

누	나	머	리	나	라
누	나	머	리	나	라

쓰세요.
Practice writing in the correct stroke order.

같이 써요

나	이
나	이

이	마
이	마

오	리
오	리

나	무
나	무

너	무
너	무

이	모
이	모

우	리
우	리

미	리
미	리

어	머	니
어	머	니

어	느	나	라
어	느	나	라

쓰세요.
Practice writing in the correct stroke order.

같이 써요

야 여 요 유 의

야 여 요 유 의

가 더 보 수 즈

가 더 보 수 즈

쓰세요.
Practice writing in the correct stroke order.

같이 써요

산	감	바	지	모	자
산	감	바	지	모	자

요	리	주	소	의	자
요	리	주	소	의	자

쓰세요.
Practice writing in the correct stroke order.

같이 써요

양말 서울 사람 손님
양말 서울 사람 손님

바나나 아이돌 유람선
바나나 아이돌 유람선

불고기 강아지 고양이
불고기 강아지 고양이

쓰세요.
Practice writing in the correct stroke order.

같이 써요

애	에	왜	웨	외
애	에	왜	웨	외

카	터	포	추	흐
카	터	포	추	흐

쓰세요.
Practice writing in the correct stroke order.

같이 써요

집 낮 오 후 커 피

집 낮 오 후 커 피

회 사 노 래 돼 지

회 사 노 래 돼 지

쓰세요.
Practice writing in the correct stroke order.

같이 써요

학	교
학	교

택	시
택	시

칠	판
칠	판

김	밥
김	밥

주	세	요
주	세	요

숟	가	락
숟	가	락

젓	가	락
젓	가	락

교	통	카	드
교	통	카	드

텔	레	비	전
텔	레	비	전

한글 **4**

 쓰세요.
Practice writing in the correct stroke order.

같이 써요

애	예	와	워	위
애	예	와	워	위

까	떠	뽀	쑤	쯔
까	떠	뽀	쑤	쯔

쓰세요.
Practice writing in the correct stroke order.

같이 써요

쌀	꽃	계	단	샤	워
쌀	꽃	계	단	샤	워

뚜	껑	빨	대	무	릎	부	엌
뚜	껑	빨	대	무	릎	부	엌

쓰세요.
Practice writing in the correct stroke order.

같이 써요

까	만	색
까	만	색

빨	간	색
빨	간	색

화	장	실
화	장	실

바	꿔	요
바	꿔	요

팥	빙	수
팥	빙	수

떡	볶	이
떡	볶	이

쓰	레	기	통
쓰	레	기	통

와	이	파	이
와	이	파	이

준비 1 반갑습니다

학습 목표

인사하기, 자기소개하기

문법

명 이에요/예요

A : 이름이 뭐예요?
B : 수잔이에요.

어휘와 표현

말하기

국적
- ☐ 미국
- ☐ 한국
- ☐ 중국
- ☐ 태국
- ☐ 일본
- ☐ 독일
- ☐ 베트남
- ☐ 프랑스
- ☐ 몽골
- ☐ 브라질

직업
- ☐ 학생
- ☐ 선생님
- ☐ 회사원
- ☐ 의사
- ☐ 간호사
- ☐ 요리사
- ☐ 가수
- ☐ 배우
- ☐ 작가
- ☐ 패션 디자이너
- ☐ 군인
- ☐ 경찰

대화
- ☐ 안녕하세요?
- ☐ 이름이 뭐예요?
- ☐ A : 어느 나라 사람이에요?
  B : 미국 사람이에요.
- ☐ 아, 그래요?
- ☐ 반갑습니다.
- ☐ 무슨 일을 하세요?
- ☐ 일본어 선생님
- ☐ 가이드
- ☐ 프로그래머
- ☐ A : 이분이 누구예요?
  B : 가브리엘 씨예요.

읽고 말하기

- ☐ 운동
- ☐ 좋아해요.
- ☐ 만나서 반갑습니다.
- ☐ 드라마
- ☐ 공부

25

명 이에요/예요

가 알맞은 것을 고르세요. 그리고 문장을 쓰세요.

Circle the correct word and write a sentence about the person's nationality.

1

앤디, 미국

앤디((예요) / 이에요).

~~미국 사람이에요~~ .

2

미나, 한국

미나(예요 / 이에요).

....

3

렌핑, 중국

렌핑(예요 / 이에요).

....

4

완, 태국

완(예요 / 이에요).

....

5

하루카, 일본

하루카(예요 / 이에요).

....

6

한스, 독일

한스(예요 / 이에요).

....

🔍 Focus

consonant + 이에요	vowel + 예요
렌핑 : 렌핑이에요	앤디 : 앤디예요

나 **대화를 완성하세요.**
Complete the conversations.

앤디, 미국

A 이름이 뭐예요?

B 앤디예요   .

A 어느 나라 사람이에요?

B 미국 사람이에요   .

투안, 베트남

A 이름이 뭐예요?

B _____ .

A 어느 나라 사람이에요?

B _____ .

사라, 프랑스

A _____ ?

B 사라예요.

A _____ ?

B 프랑스 사람이에요.

바야르, 몽골

A _____ ?

B 바야르예요.

A _____ ?

B 몽골 사람이에요.

다 **알맞은 것을 고르세요.**
Circle the appropriate answers.

1

A 무슨 일을 하세요?

B (학생이에요 / 선생님이에요).

2

A 무슨 일을 하세요?

B (배우예요 / 선생님이에요).

3

A 무슨 일을 하세요?

B (작가예요 / 회사원이에요).

4

A 무슨 일을 하세요?

B (의사예요 / 군인이에요).

5

A 무슨 일을 하세요?

B (간호사예요 / 경찰이에요).

6

A 무슨 일을 하세요?

B (가수예요 / 요리사예요).

라 대화를 완성하세요.
Complete the conversations.

1

A 무슨 일을 하세요?

B 가수예요.

2

A 무슨 일을 하세요?

B _____.

3

A 무슨 일을 하세요?

B _____.

4

A 무슨 일을 하세요?

B _____.

5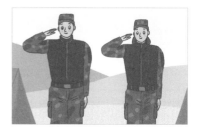

A 무슨 일을 하세요?

B _____.

6

A 무슨 일을 하세요?

B _____.

가 **빈칸을 채우세요.**
Fill in the blanks with the words or phrases in the box.

무슨 일을 하세요   반갑습니다
어느 나라 사람이에요   이름이 뭐예요

앤디
미국

미나   안녕하세요? 미나예요.

     1 <u>이름이 뭐예요</u>   ?

앤디   앤디예요.

미나   앤디 씨, 2 _____?

앤디   저는 미국 사람이에요.

미나   아, 그래요? 3 _____.

앤디
학생

수잔   안녕하세요? 수잔이에요.

앤디   수잔 씨, 안녕하세요?

     저는 앤디예요.

수잔   앤디 씨는 4 _____?

앤디   학생이에요.

가 **알맞은 것을 쓰세요.**
Fill in the blanks with the words or phrases in the box.

무슨 일을 하세요   어느 나라 사람이에요   이분이 누구예요

이름 : 미나
국적 : 한국
직업 : 학생

A 1 이분이 누구예요 ?
B 미나 씨예요.

A 2 _____?
B 한국 사람이에요.

A 3 _____?
B 학생이에요.

나 **학생책 23쪽을 읽으세요. 질문에 답을 쓰세요.**
Read page 23 of the student book and then answer the questions.

1 앤디 씨는 어느 나라 사람이에요?   앤디 씨는 미국 사람이에요 .

2 앤디 씨는 뭐 좋아해요? _____.

3 하루카 씨는 무슨 일을 하세요? _____.

4 하루카 씨는 뭐 좋아해요? _____.

31

다 **알맞은 것을 쓰세요.**
Fill in the blanks with the words or phrases in the box.

드라마   일본   학생
만나서 반갑습니다   ~~안녕하세요~~

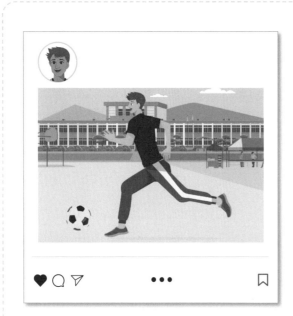

1 안녕하세요 ?

저는 앤디예요.

미국 사람이에요.

2 ＿＿＿＿＿＿＿＿＿＿＿＿＿ 이에요.

저는 운동 좋아해요.

3 ＿＿＿＿＿＿＿＿＿＿＿＿＿ .

안녕하세요?

저는 하루카예요.

4 ＿＿＿＿＿＿＿＿＿＿＿＿＿ 사람이에요.

일본어 선생님이에요.

저는 5 ＿＿＿＿＿＿＿＿＿＿＿＿＿ 좋아해요.

만나서 반갑습니다.

2 한국어 책이에요

학습 목표

물건 이름 묻고 답하기

문법

1. 이게　A : 이게 뭐예요?
　　　　B : 책이에요.

2. 저게　A : 저게 뭐예요?
　　　　B : 가방이에요.

어휘와 표현

말하기

사물

□ 책
□ 공책
□ 필통
□ 연필
□ 샤프
□ 볼펜
□ 지우개
□ 수정 테이프
□ 가위
□ 가방
□ 우산
□ 달력
□ 책상
□ 의자

□ 시계
□ 노트북
□ 텔레비전
□ 에어컨

대화

□ 그럼
□ A : 누구 거예요?
　 B : 제 거예요.
□ 여기 있어요.
□ A : 고마워요.
　 B : 아니에요.
□ 충전기
□ 핸드폰

듣고 말하기

□ 거울
□ 비누
□ 수건
□ 휴지
□ 칫솔
□ 치약
□ 접시
□ 컵
□ 숟가락
□ 젓가락
□ 이게 한국어로 뭐예요?
□ 사라 씨 거예요.

이게/저게

가 **알맞은 것을 고르세요.**
Circle the correct answers.

1

A (이게 / 저게) 뭐예요?

B 연필이에요.

2

A (이게 / 저게) 뭐예요?

B 지우개예요.

3

A (이게 / 저게) 뭐예요?

B 가위예요.

4

A (이게 / 저게) 뭐예요?

B 시계예요.

5

A (이게 / 저게) 뭐예요?

B 텔레비전이에요.

6

A (이게 / 저게) 뭐예요?

B 에어컨이에요.

ㄴ **알맞은 것을 고르세요.**
Circle the correct answers.

A 이게 뭐예요?

B (책이에요 / 공책이에요).

A 이게 뭐예요?

B (공책이에요 / 노트북이에요).

A 이게 뭐예요?

B (가방이에요 / 필통이에요).

A 이게 뭐예요?

B (연필이에요 / 우산이에요).

A 이게 뭐예요?

B (가위예요 / 샤프예요).

A 이게 뭐예요?

B (볼펜이에요 / 지우개예요).

다 **연결하세요.**
Match each picture with the correct answers.

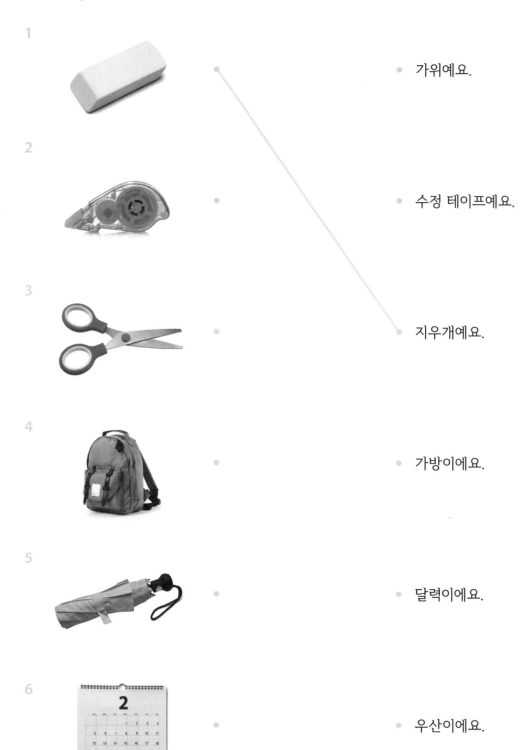

1 · · 가위예요.

2 · · 수정 테이프예요.

3 · · 지우개예요.

4 · · 가방이에요.

5 · · 달력이에요.

6 · · 우산이에요.

라 **대화를 완성하세요.**
Complete the conversations.

1

A 이게 뭐예요?

B 책상이에요   .

2

A 이게 뭐예요?

B _____.

3

A 이게 뭐예요?

B _____.

4

A 이게 뭐예요?

B _____.

5

A 이게 뭐예요?

B _____.

6

A 이게 뭐예요?

B _____.

가　**빈칸을 채우세요.**
Fill in the blanks with the words or phrases in the box.

아니에요　　　　　　　　　이게 뭐예요
저게 뭐예요　　　　　　　　제 거예요

앤디　1 이게 뭐예요 ?

하루카　연필이에요.

앤디　그럼 2 ?

하루카　시계예요.

한스　우산 누구 거예요?

완　3 .

한스　여기 있어요.

완　고마워요.

한스　4 .

가 **알맞은 것을 쓰세요.**
Fill in the blanks with the words in the box.

거울   비누   수건   숟가락   접시
젓가락   치약   칫솔   컵   휴지

❶ 칫 솔

❷ 누

❸ 수

❹ 약

❺ 가락

❻ 가락

❼

❽ 시

나 **잘 들으세요. 그리고 빈칸을 채우세요.**
Listen carefully and fill in the blanks.

1 A 이게 뭐예요?

B _____ 비누 _____ 예요.

A 그럼 저게 뭐예요?

B _____ ㅅ _____ 이에요.

2 A 이게 뭐예요?

B _____ ㅅ _____ 이에요.

A 그럼 저게 뭐예요?

B _____ ㅈ _____ 예요.

3 A 이게 뭐예요?

B _____ ㅍ _____ 이에요.

A 그럼 저게 뭐예요?

B _____ ㅊ _____ 이에요.

4 A 미나 씨, 이게 한국어로 뭐예요?

B _____ ㅇ _____ 이에요.

A 누구 거예요?

B 사라 씨 거예요.

3 핸드폰 있어요?

학습 목표

정보 요청하기

문법

1. 명 있어요   A : 우산 있어요?
               B : 네, 있어요.

2. 명 없어요   A : 우산 있어요?
               B : 아니요, 없어요.

어휘와 표현

말하기

숫자①		날짜	문법	대화
□ 0 공	□ 10 십	□ 1월 일월	□ 지금	□ 전화번호
□ 1 일	□ 20 이십	□ 2월 이월	□ 안경	□ A : 전화번호가 몇 번이에요?
□ 2 이	□ 30 삼십	□ 3월 삼월	□ 컴퓨터	B : 010-4948-1287이에요.
□ 3 삼	□ 40 사십	□ 4월 사월	□ 선글라스	□ A : 맞아요?
□ 4 사	□ 50 오십	□ 5월 오월	□ 교통카드	B : 네, 맞아요.
□ 5 오	□ 60 육십	□ 6월 유월	□ 여권	□ 생일
□ 6 육	□ 70 칠십	□ 7월 칠월		□ A : 알아요?
□ 7 칠	□ 80 팔십	□ 8월 팔월		B : 네, 알아요.
□ 8 팔	□ 90 구십	□ 9월 구월		□ A : 생일이 며칠이에요?
□ 9 구	□ 100 백	□ 10월 시월		B : 7월 15일이에요.
		□ 11월 십일월		
		□ 12월 십이월		

명 있어요/없어요

가　알맞은 것을 고르세요.
Look at the picture and check the correct answer.

1　책	☑ 있어요.	☐ 없어요.
2　안경	☐ 있어요.	☐ 없어요.
3　컴퓨터	☐ 있어요.	☐ 없어요.
4　시계	☐ 있어요.	☐ 없어요.
5　핸드폰	☐ 있어요.	☐ 없어요.
6　텔레비전	☐ 있어요.	☐ 없어요.

나　대화를 완성하세요.
Complete the conversations.

1

A 지금 핸드폰 있어요?

B ___네, 핸드폰 있어요___.

2

A 지금 선글라스 있어요?

B ___아니요, 선글라스 없어요___.

3

A 지금 충전기 있어요?

B 아니요, _____ .

4

A 지금 우산 있어요?

B 네, _____ .

5

A 지금 교통카드 있어요?

B 네, _____ .

6

A 지금 여권 있어요?

B 아니요, _____ .

7

A 지금 수정 테이프 있어요?

B 네 _____ .

8

A 지금 가위 있어요?

B 아니요, _____ .

숫자①

가 **알맞은 숫자를 쓰세요.**
Write the correct numbers in Korean.

1 일 번	**2** _____ 번	**3** _____ 번
4 _____ 번	**5** _____ 번	**6** _____ 번
7 _____ 번	**8** _____ 번	**9** _____ 번
*	**0**	**#**

🔍 **Focus**

0 : 영/공 　 1 : 일 　 2 : 이 　 3 : 삼 　 4 : 사 　 5 : 오

6 : 육 　 7 : 칠 　 8 : 팔 　 9 : 구 　 10 : 십 　 20 : 이십

나 **알맞은 숫자를 쓰세요.**
Write the correct numbers in Korean.

10 **20** **30** **40** **50**
십 _____ 삼십 _____ _____

60 **70** **80** **90** **100**
_____ 칠십 _____ 구십 _____

다 **대화를 완성하세요.**
Complete the conversations.

수잔 010-4948-1287

A 수잔 씨 전화번호가 몇 번이에요?

B 공일공에 사구사팔에 일이팔칠이에요   .

완 010-2717-3843

A 완 씨 전화번호가 몇 번이에요?

B 공일공에   .

렌핑 010-9649-1504

A 렌핑 씨 전화번호가 몇 번이에요?

B   에   .

사라 010-5920-7245

A 사라 씨 전화번호가 몇 번이에요?

B   .

가브리엘 010-9983-2312

A 가브리엘 씨 전화번호가 몇 번이에요   ?

B 공일공에 구구팔삼에 이삼일이예요.

투안 010-2232-8073

A   ?

B 공일공에 이이삼이에 팔공칠삼이에요.

45

라 알맞은 대답을 쓰세요.

Look at the calendar and answer the questions.

12월

일요일	월요일	화요일	수요일	목요일	금요일	토요일
1	2	3	4	5 오늘	6	7
8	9	10	11	12	13 회의	14
15	16	17	18	19	20	21
22	23	24	25 파티	26	27	28
29	30	31 한스 씨 생일				

1 **A** 오늘이 며칠이에요?

 B <u>십이</u> 월 <u>오</u> 일이에요.

new
회의
meeting
파티
party

2 **A** 회의가 며칠이에요?

 B _____ 월 _____ 일이에요.

3 **A** 파티가 며칠이에요?

 B _____ 월 _____ 일이에요.

4 **A** 한스 씨 생일이 며칠이에요?

 B _____ 월 _____ 일이에요.

가 빈칸을 채우세요.

Fill in the blanks with the words or phrases in the box.

맞아요　　　　　　　며칠이에요

몇 번이에요　　　　　　알아요　　　　　　있어요

앤디　수잔 씨, 한국 전화번호 <u>있어요</u>?

수잔　네, 있어요.

앤디　전화번호가 _____?

수잔　010-4948-1287이에요.

앤디　010-4948-1287, _____?

수잔　네, 맞아요.

렌핑
7월 15일

앤디　완 씨, 렌핑 씨 생일 _____?

완　네, 알아요.

앤디　렌핑 씨 생일이 _____?

완　7월 15일이에요.

가 **다음 숫자를 써 보세요.**
Read the number in the picture, then write it in Korean.

1

일 오 구 공 이에요.

2

□번이에요.

3

□층이에요.

4
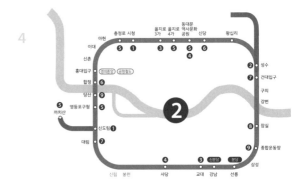
□호선이에요.

5

□번 출구예요.

6

□□호예요.

준비 **4** 커피 주세요

주문하기

문법

명 주세요

A : 커피 주세요.
B : 여기 있어요.

어휘와 표현

말하기

숫자②	금액	문법	대화
☐ 하나	☐ 십 원	☐ 커피	☐ 여기요.
☐ 둘	☐ 오십 원	☐ 물	☐ 물 좀 주세요.
☐ 셋	☐ 백 원	☐ 콜라	☐ 된장찌개
☐ 넷	☐ 오백 원	☐ 오렌지 주스	☐ 비빔밥
☐ 다섯	☐ 천 원	☐ 레몬차	☐ 김치찌개
☐ 여섯	☐ 오천 원	☐ 녹차	☐ 냉면
☐ 일곱	☐ 만 원	☐ A : 몇 개 있어요?	☐ 삼계탕
☐ 여덟	☐ 오만 원	B : 한 개 있어요.	☐ 빨대
☐ 아홉		☐ A : 얼마예요?	☐ 저기 있어요.
☐ 열		B : 이만 삼천팔백오십 원이에요.	☐ 아메리카노
☐ 한 개			☐ 카페라테
☐ 두 개			☐ 레모네이드
☐ 세 개			☐ 아이스티
☐ 네 개			

듣고 말하기

☐ 라면
☐ 우유
☐ 맥주
☐ 사과
☐ 바나나
☐ 포도
☐ 어서 오세요.
☐ 모두 얼마예요?

명 주세요

가 **연결하세요.**

Match each picture with the correct word.

1   •   • 레몬차

2   •   • 커피

3   •   • 콜라

4   •   • 녹차   주세요.

5   •   • 물

6   •   • 오렌지 주스

나 **문장을 완성하세요.**
Complete the sentences.

1 김밥 <u>주세요</u> .

2 떡볶이 _____ .

3 어묵 _____ .

여기 있어요.

4 순대 <u>주세요</u> .

5 핫도그 _____ .

6 샌드위치 <u>주세요</u> .

김밥 떡볶이

어묵 순대

핫도그 샌드위치

숫자②

가 **알맞은 것을 쓰세요.**
Fill in the blanks with the words from the box.

1

하나

2

3

셋

4

5

다섯

6

7

8

9

아홉

10

🔍 **Focus**

하나 - 둘 - 셋 - 넷 - 다섯 - 여섯 - 일곱 - 여덟 - 아홉 - 열

나 **알맞은 것을 쓰세요.**
Write the appropriate form of each number.

1 하나 ➡ __한__ 개

2 둘 ➡ _____ 개

3 셋 ➡ _____ 개

4 넷 ➡ _____ 개

5 다섯 ➡ _____ 개

6 여섯 ➡ _____ 개

다 **대화를 완성하세요.**
Look at the pictures and complete the conversations.

1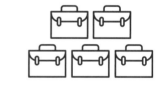

A 몇 개 있어요?

B .... 두 개 .... 있어요.

2

A 몇 개 있어요?

B .... 있어요.

3

A 몇 개 있어요?

B .... 있어요.

4

A 몇 개 있어요 ....?

B ....

5

A .... ?

B ....

6

A .... ?

B ....

53

라 　 **연결하세요. 그리고 알맞은 것을 쓰세요.**
Match each coin with the correct amount and then write the amounts below the bills.

1 　 2 　 3 　 4

백 원 　 십 원 　 오백 원 　 오십 원

5 　 천 원 　 6 _____ 　 7 _____ 　 8 _____

마 　 **대화를 완성하세요.**
Complete the conversations.

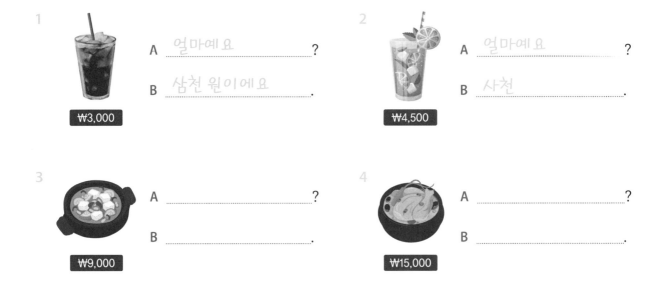

1 　₩3,000

A 얼마예요_____?

B 삼천 원이에요_____.

2 　₩4,500

A 얼마예요_____?

B 사천_____.

3 　₩9,000

A _____?

B _____.

4 　₩15,000

A _____?

B _____.

가 **빈칸을 채우세요.**
Fill in the blanks with the words in the box.

| 개 | 얼마예요 | 있어요 | 주세요 |

앤디   여기요, 물 좀 1 ~~주세요~~ .

직원   네.

앤디   된장찌개 한 개, 비빔밥 두 2 .... 주세요.

...

직원   여기 있어요.

아메리카노
3,000원

렌핑   아메리카노 주세요. 3 .... ?

직원   3,000원이에요.

...

직원   여기 있어요.

렌핑   빨대 4 .... ?

직원   네, 저기 있어요.

가 **알맞은 것을 쓰세요.**
Write the price of each item.

1

라면 ₩4,500

2

우유 ₩5,700

3

사과 ₩17,000

4

포도 ₩7,800

사천 오백 원

....

나 **잘 들으세요. 그리고 빈칸을 채우세요.**
Listen carefully and fill in the blanks.

---

1 직원 어서 오세요.

앤디 사과 얼마예요?

직원 네 개에 17,000원이에요.

앤디 포도 얼마예요?

직원 _____ 개에 7,800원이에요.

앤디 그럼, 사과 _____.

---

2 직원 어서 오세요.

앤디 우유 두 개 주세요. 얼마예요?

직원 5,700원이에요.

앤디 라면 다섯 개 주세요. 얼마예요?

직원 4,500원이에요.

앤디 _____ 얼마예요?

직원 10,200원이에요.

가 알맞은 대답을 쓰세요.

Look at the pictures and write the answers.

1

A 무슨 일을 하세요?

B _____.

2

A 무슨 일을 하세요?

B _____.

3

A 이게 뭐예요?

B _____.

4

A 이게 뭐예요?

B _____.

나 알맞은 대답을 쓰세요.

Look at the pictures and write the answers.

1

010-4948-1287

A 전화번호가 몇 번이에요?

B _____.

2

10월 23일

A 생일이 며칠이에요?

B _____.

3

A 몇 개 있어요?

B _____ .

4

19,500원

A 얼마예요?

B _____ .

다 **다음 표현을 확인하세요. 그리고 가장 알맞은 것을 쓰세요.**
Read the phrases the phrases in the box and use them to fill in the blanks.

☐ 고마워요.   ☐ 누구 거예요?

☐ 무슨 일을 하세요?   ☐ 생일이 며칠이에요?

☐ 어느 나라 사람이에요? ☐ 얼마예요?

☐ 이름이 뭐예요?   ☐ 전화번호가 몇 번이에요?

1 A _____ ?

   B 앤디예요.

2 A _____ ?

   B 미국 사람이에요.

3 A _____ ?

   B 학생이에요.

4 A _____ ?

   B 제 거예요.

5 A _____ .

   B 아니에요.

6 A _____ ?

   B 010-4948-1287이에요.

7 A _____ ?

   B 7월 15일이에요.

8 A _____ ?

   B 19,800원이에요.

퀴즈

읽기 ※ [1~3] (   )에 들어갈 가장 알맞은 것을 고르십시오.

1   (   ) 나라 사람이에요?

❶ 누구   ❷ 어느

2   앤디 씨는 (   ) 일을 하세요?

❶ 뭐   ❷ 무슨

3   생일이 (   )이에요?

❶ 며칠   ❷ 몇 번

※ [4~5] 다음을 읽고 물음에 답하십시오.

안녕하세요?
저는 완이에요. 태국 사람이에요. 학생이에요.
전화번호가 010-2717-3843이에요.
⊙   이 10월 19일이에요.
저는 운동 좋아해요. 만나서 반갑습니다.

4 ⊙에 들어갈 알맞은 말을 쓰십시오.

(   )

5 윗글의 내용과 같은 것을 고르십시오.

❶ 완 씨는 회사원이에요.

❷ 완 씨는 미국 사람이에요.

❸ 완 씨는 드라마 좋아해요.

❹ 완 씨 전화번호가 공일공에 이칠일칠에 삼팔사삼이에요.

듣기 ※ [6~13] 다음을 듣고 물음에 답하십시오.

6-9

10-13

6 어느 나라 사람이에요?

❶ 한국   ❷ 독일   ❸ 미국   ❹ 태국

7 무슨 일을 하세요?

❶    ❷    ❸   ❹

8 이게 뭐예요?

❶   ❷   ❸   ❹

9 뭐가 있어요?

❶   ❷   ❸   ❹

10 몇 개 있어요?

❶   ❷   ❸   ❹

11 렌핑 씨 전화번호가 몇 번이에요?

❶ 010-9649-1504   ❷ 010-6649-1504

❸ 010-9649-2504   ❹ 010-6649-2504

12 한스 씨 생일이 며칠이에요?

❶ 7월 30일   ❷ 10월 30일   ❸ 12월 30일   ❹ 12월 31일

13 오렌지 주스 얼마예요?

❶ 1,500원   ❷ 2,500원   ❸ 3,500원   ❹ 4,500원

1 앤디 씨가 식당에 있어요

학습 목표

장소와 위치 말하기

문법

1. 명 이/가	A : 이름이 뭐예요?	B : 앤디예요.
2. 명 에 있어요	A : 앤디 씨가 어디에 있어요?	B : 식당에 있어요.
3. 명 명 에 있어요	A : 모자가 어디에 있어요?	B : 책상 위에 있어요.

어휘와 표현

말하기

장소

- ☐ 학교
- ☐ 교실
- ☐ 도서관
- ☐ 카페
- ☐ 편의점
- ☐ 식당
- ☐ 회사
- ☐ 영화관
- ☐ 서점
- ☐ 은행
- ☐ 대사관
- ☐ 우체국
- ☐ A : 여기가 어디예요?
    B : 학교예요.

위치

- ☐ 위
- ☐ 아래
- ☐ 앞
- ☐ 뒤
- ☐ 옆
- ☐ 왼쪽
- ☐ 오른쪽
- ☐ 안
- ☐ 밖

문법

- ☐ 직업
- ☐ 오늘
- ☐ 몇 명
- ☐ 1층
- ☐ 화장실
- ☐ 지하
- ☐ 고양이
- ☐ 쓰레기통
- ☐ 강아지
- ☐ 침대
- ☐ 모자

대화

- ☐ 실례합니다.
- ☐ 여보세요.
- ☐ 혹시
- ☐ 제 책
- ☐ 문
- ☐ 이 근처
- ☐ 빌딩
- ☐ A : 감사합니다.
    B : 아니에요.

읽고 말하기

- ☐ 고향
- ☐ 집
- ☐ 파리
- ☐ 상파울루
- ☐ 한국 영화를 좋아해요.
- ☐ 백화점
- ☐ 공원

듣고 말하기

- ☐ 스터디 카페
- ☐ 참!
- ☐ 시간이 있어요?
- ☐ 왜요?
- ☐ 제 생일이에요.
- ☐ 친구들하고
- ☐ 같이 식사해요.
- ☐ 좋아요.

61

명 이/가

가 알맞은 것을 고르세요.
Circle the correct answers.

1 이름(이 / 가) 앤디예요.

2 의자(이 / 가) 두 개 있어요.

3 학생(이 / 가) 세 명 있어요.

4 직업(이 / 가) 요리사예요.

5 오늘(이 / 가) 6월 25일이에요.

6 전화번호(이 / 가) 02-705-8088이에요.

Focus

consonant + 이	vowel + 가
선생님 : 선생님이	앤디 씨 : 앤디 씨가

나 알맞은 질문을 쓰세요.
Complete the questions using '이/가'.

1 A 이름이 뭐예요 ?

B 미나예요.

2 A _____ ?

B 학생이에요.

3 A _____ ?

B 4월 1일이에요.

4 A _____ ?

B 02-705-8734예요.

5 A _____ ?

B 네 개 있어요.

6 A _____ ?

B 다섯 명 있어요.

오늘 / 며칠이에요?

의자 / 몇 개 있어요?

이름 / 뭐예요?

전화번호 / 몇 번이에요?

직업 / 뭐예요?

학생 / 몇 명 있어요?

명에 있어요

문장을 완성하세요.

Look at the picture and complete the sentences.

1. 미나 씨가 _____영화관_____ 에 있어요.

2. 바야르 씨가 _____ 에 있어요.

3. 한스 씨가 _____ 에 있어요.

4. 앤디 씨가 _____ .

5. 수잔 씨가 _____ .

Focus

앤디 씨가 _____ 에 있어요.
↑
장소

대화를 완성하세요.

Look at the picture and answer the questions.

1. A 서점이 어디에 있어요?

   B _서점이 6층에 있어요_ .

2. A 대사관이 어디에 있어요?

   B _____ .

3. A 카페가 어디에 있어요?

   B _____ .

4. A 은행이 어디에 있어요?

   B _____ .

5. A 식당이 어디에 있어요?

   B _____ .

6. A 영화관이 어디에 있어요?

   B _____ .

7. A 화장실이 어디에 있어요?

   B _____ .

8. A 편의점이 어디에 있어요?

   B _____ .

INFORMATION

층	식당
층	영화관
층	서점
층	카페
층	대사관
층	화장실
층	은행
층	편의점

명 명에 있어요

가 알맞은 것을 쓰세요.
Look at the picture and fill in the blanks with the words from the box.

노트북   고양이
컵   핸드폰
의자
쓰레기통

| 위 | 아래 | 앞 | 뒤 | 옆 | 왼쪽 | 오른쪽 | 안 | 밖 |

1 노트북이 책상 __위__ 에 있어요.

2 의자가 책상 _____ 에 있어요.

3 고양이가 책상 _____ 에 있어요.

4 컵이 노트북 _____ 에 있어요.

5 쓰레기통이 책상 _____ 에 있어요.

6 핸드폰이 노트북 _____ 에 있어요.

🔍 **Focus**

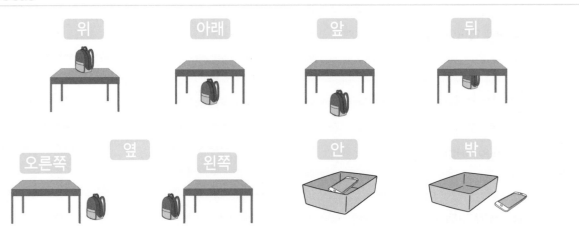

위   아래   앞   뒤

오른쪽   옆   왼쪽   안   밖

나 **대화를 완성하세요.**
Look at the pictures and answer the questions.

1 A 강아지가 어디에 있어요?

B *강아지가 침대 위에 있어요* .

2 A 모자가 어디에 있어요?

B _____.

3 A 우산이 어디에 있어요?

B _____.

4 A 가방이 어디에 있어요?

B _____.

5 A 컵이 어디에 있어요?

B _____.

6 A 쓰레기통이 어디에 있어요?

B _____.

가 빈칸을 채우세요.

Fill in the blanks with the words or phrases from the box.

| 근처 | 앞 | 어디 | 혹시 | 실례합니다 | 없어요 | 책상 위 |

미나　1 <u>실례합니다</u>.

　　　앤디 씨가 여기에 있어요?

한스　아니요, 2 _____.

미나　그럼 3 _____ 에 있어요?

한스　식당에 있어요.

수잔　여보세요.

　　　가브리엘 씨, 지금 어디에 있어요?

가브리엘　교실에 있어요.

수잔　아, 그래요?

　　　4 _____ 제 책이 교실에 있어요?

가브리엘　네, 5 _____ 에 있어요.

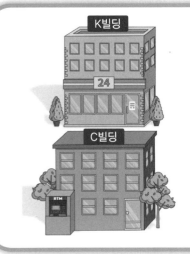

앤디　미나 씨, 이 6 _____ 에 ATM이 있어요?

미나　네, C빌딩에 있어요.

앤디　C빌딩이 어디에 있어요?

미나　K빌딩 알아요? K빌딩 7 _____ 에 있어요.

앤디　감사합니다.

미나　아니에요.

가 알맞은 것을 쓰세요.

Fill in the blanks with the words in the box.

고향	백화점	영화	집	있어요

1. _____집_____ 이 이태원에 있어요.

2. 서강대학교가 신촌에 _____.

3. 헐리우드 _____를 좋아해요.

4. 집 근처에 _____이 있어요.

5. 앤디 씨 _____은 샌프란시스코예요.

헐리우드
Hollywood

나 학생책 69쪽을 읽으세요. 질문에 답을 쓰세요.

Read page 69 of the student book and answer the questions.

1. 완 씨가 어느 나라 사람이에요? 완 씨가 태국 사람이에요.

2. 완 씨 생일이 며칠이에요? _____.

3. 사라 씨가 뭐 좋아해요? _____.

4. 사라 씨 집이 어디에 있어요? _____.

5. 가브리엘 씨 집이 어디에 있어요? _____.

6. 가브리엘 씨 집 앞에 뭐가 있어요? _____.

다 알맞은 것을 쓰세요.
Fill in the blanks with the words or phrases in the box.

고향   뒤   앞   프로그래머   학생   핸드폰 번호   좋아해요

저는 완이에요. 태국 사람이에요.

1 ___고향___ 이 방콕이에요.

2 _____ 이에요.

생일이 10월 19일이에요.

3 _____ 가 010-2717-3843이에요.

집이 광화문에 있어요.

저는 사라예요. 프랑스 사람이에요.

고향이 파리예요. 학생이에요.

한국 영화를 4 _____. 생일이 7월 28일이에요.

핸드폰 번호가 010-5920-7245예요.

집이 신촌에 있어요.

현대 백화점 5 _____ 에 있어요.

저는 가브리엘이에요. 고향이 상파울루예요.

상파울루가 브라질에 있어요. 6 _____ 예요.

생일이 9월 30일이에요.

핸드폰 번호가 010-9983-2312예요.

집이 잠실에 있어요. 집 7 _____ 에 공원이 있어요.

가 **알맞은 것을 쓰세요.**
Fill in the blanks with the words or phrases in the box.

<table>
<tr><td>생일</td><td>시간</td><td>식사해요</td><td>좋아요</td><td>지금</td></tr>
</table>

1 A 미나 씨, __생일__ 이 며칠이에요?

   B 4월 15일이에요.

2 A 미나 씨, _____ 어디에 있어요?

   B 식당에 있어요.

3 A 앤디 씨, _____ 이 있어요?

   B 네, 있어요.

4 A 앤디 씨, 4월 15일이 제 생일이에요.

   B 그래요? 그럼 4월 15일에 같이 _____.

   A 네, _____.

나 **잘 듣고 질문에 답을 쓰세요.**
Listen carefully and answer the questions.

1 앤디 씨가 지금 학교에 있어요? _네, 앤디 씨가 지금 학교에 있어요_.

2 스터디 카페가 어디에 있어요? _____.

3 스터디 카페가 몇 층에 있어요? _____.

4 미나 씨가 어디에 있어요? _____.

5 앤디 씨가 미나 씨 생일에 시간이 있어요? _____.

69

다 잘 들으세요. 그리고 빈칸을 채우세요.
Listen carefully and fill in the blanks.

앤디   여보세요.

미나   앤디 씨, 안녕하세요? 미나예요.

앤디   안녕하세요? 미나 씨.

미나   앤디 씨, 1 ____지금____ 어디예요?

앤디   2 _____ 예요. 스터디 카페에 있어요.

미나   스터디 카페가 어디에 있어요?

앤디   A빌딩에 있어요.

미나   A빌딩에 스터디 카페가 있어요?

앤디   네, 3 _____ 에 있어요. 미나 씨는 지금 어디에 있어요?

미나   저는 학교 4 _____ 식당에 있어요.

앤디   아, 네.

미나   참! 앤디 씨, 4월 15일에 시간이 있어요?

앤디   4월… 15일…. 네, 있어요. 5 _____ ?

미나   4월 15일이 제 6 _____ 이에요.

앤디   아, 그래요?

미나   제 친구들하고 같이 식사해요.

앤디   네, 좋아요.

2 여섯 시에 일어나요

학습 목표

일과 묻고 답하기

문법

1. 명에
   A : 몇 시에 일어나요?
   B : 일곱 시에 일어나요.

2. 명에 가요
   A : 어디에 가요?
   B : 회사에 가요.

3. 동-아/어요①
   A : 뭐 해요?
   B : 일해요.

어휘와 표현

말하기

시간
- 오전
- 오후
- 시
- 분
- A : 몇 시예요?
  B : 한 시예요.
- 한 시 삼십 분이에요.
- 한 시 반이에요.

행동①
- 공부하다 ⸱⸱⸱⸱⸱⸱ 공부해요
- 일하다 ⸱⸱⸱⸱⸱⸱⸱⸱ 일해요
- 요리하다 ⸱⸱⸱⸱⸱⸱ 요리해요
- 식사하다 ⸱⸱⸱⸱⸱⸱ 식사해요
- 이야기하다 ⸱⸱⸱ 이야기해요
- 전화하다 ⸱⸱⸱⸱⸱⸱ 전화해요
- 운동하다 ⸱⸱⸱⸱⸱⸱ 운동해요
- 쇼핑하다 ⸱⸱⸱⸱⸱⸱ 쇼핑해요
- 숙제하다 ⸱⸱⸱⸱⸱⸱ 숙제해요
- 세수하다 ⸱⸱⸱⸱⸱⸱ 세수해요
- 샤워하다 ⸱⸱⸱⸱⸱⸱ 샤워해요
- 게임하다 ⸱⸱⸱⸱⸱⸱ 게임해요

문법
- 일어나요.
- 자요.
- 가요.
- 체육관
- 공항
- 병원
- 와요.
- 학생 식당
- 저녁 식사하다

대화
- 저도
- 보통
- 아침 식사해요.
- 점심 식사해요.

읽고 말하기
- 사람들
- 학생들
- 길
- 자동차가 많아요.
- 시험
- 호주
- 시드니
- 베를린
- 친구
- 수업
- 밤
- 조용해요.
- 방
- 회의

듣고 말하기
- 내일
- 저녁
- 미안해요.
- 약속이 있어요.
- 다음에
- 제 친구
- 내일 같이 만나요.

명 에

가   **대화를 완성하세요.**
Look at the pictures and complete the conversations.

1

오전 5:20

A 지금 몇 시예요?

B 오전 다섯 시 이십 분이에요 .

2

오전 8:30

A 지금 몇 시예요?

B ....

3

오전 10:45

A 지금 몇 시예요?

B ....

4

오후 2:55

A 지금 몇 시예요?

B ....

5

오후 4:50

A 지금 몇 시예요?

B ....

6

오후 9:00

A .... ?

B 오후 아홉 시예요.

나   **대화를 완성하세요.**
Look at the pictures and complete the conversations using '에'.

1

7:00

A 몇 시에 일어나요?

B ....

2

11:00

A .... ?

B 열한 시에 자요.

🔍 **Focus**

앤디 씨가 .... 에 일어나요/자요.
　　　　　　　　　↑
　　　　　　　　시간

명에 가요

가 문장을 쓰세요.

Look at the pictures and write the sentences using '에 가요'.

1.

회사

회사에 가요 .

2.

체육관

＿＿＿＿＿＿＿ .

3.

식당

＿＿＿＿＿＿＿ .

4.

공원

＿＿＿＿＿＿＿ .

5.

공항

＿＿＿＿＿＿＿ .

6.

병원

＿＿＿＿＿＿＿ .

나 대화를 완성하세요.

Look at the picture and complete the conversations using '에 가요'.

오늘

1시	학생 식당
3시 30분	도서관
5시	체육관
7시	집

1. A 한 시에 어디에 가요?

   B 학생 식당에 가요 .

2. A 세 시 반에 어디에 가요?

   B ＿＿＿＿＿＿＿ .

3. A 다섯 시에 ＿＿＿＿＿＿＿ ?

   B 체육관에 가요.

4. A ＿＿＿＿＿＿＿ ?

   B 집에 가요.

Focus

앤디 씨가 ＿＿＿＿＿＿＿ 에 가요/와요.

　　　　　　　　↑

　　　　　　장소

73

동-아/어요①

가 **동-아/어요**'로 바꾸세요.
Conjugate the verbs using '-아/어요'.

1

공부하다

공부해요 _____.

2

일하다

_____.

3

요리하다

_____.

4

쇼핑하다

_____.

5

운동하다

_____.

6

저녁 식사하다

_____.

🔍 Focus

하다 → 해요
공부하다 : 공부해요

나 대화를 완성하세요.

Look at the picture and complete the conversations using '-아/어요'.

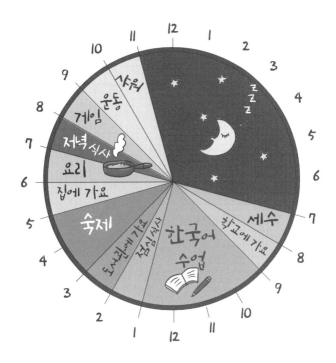

1 A 오전 일곱 시에 뭐 해요?

B 세수해요 .

2 A 오후 한 시에 뭐 해요?

B .

3 A 오후 세 시에 뭐 해요?

B .

4 A 저녁 여덟 시에 ?

B 게임해요.

5 A ?

B 샤워해요.

가 **빈칸을 채우세요.**
Fill in the blanks with the words or phrases in the box.

뭐		오후		같이		보통	몇 시에

어디에　　　　아니요　　　　윤호 씨는요　　　저도

수잔　앤디 씨, 안녕하세요? 지금 1 <u>어디에</u> 가요?

앤디　체육관에 가요. 수잔 씨는 어디에 가요?

수잔　2 _____ 체육관에 가요.

앤디　아, 그래요? 3 _____ 가요.

하루카　렌핑 씨, 오늘 4 _____ 에 공부해요?

렌핑　5 _____.

하루카　그럼 6 _____ 해요?

렌핑　명동에 가요.

한스
6:30　일어나요
11:00　자요

윤호
6:00　일어나요
11:30　자요

윤호　한스 씨는 7 _____ 몇 시에 일어나요?

한스　여섯 시 삼십 분에 일어나요.

　　　8 _____ ?

윤호　저는 여섯 시에 일어나요.

　　　그럼 9 _____ 자요?

한스　열한 시에 자요.

가 **알맞은 것을 쓰세요.**
Fill in the blanks with the words in the box.

| 방 | 수업 | 친구 | 많아요 | 조용해요 |

1 집에 사람이 없어요. 집이 ~~조용해요~~ .

2 이분이 제니 씨예요. 제니 씨는 앤디 씨 ＿＿＿＿＿＿＿＿ 예요.

3 오늘은 일요일이에요. ＿＿＿＿＿＿＿＿ 이 없어요.

new
일요일
Sunday

4 앤디 씨가 ＿＿＿＿＿＿＿＿ 에 있어요. 지금 자요.

5 교실에 사람이 20명 있어요. 사람이 ＿＿＿＿＿＿＿＿ .

나 **학생책 87쪽을 읽으세요. 질문에 답을 쓰세요.**
Read page 87 of the student book and write the answers.

1 서울은 지금 몇 시예요? ~~서울은 지금 오전 여덟 시예요~~ .

2 미나 씨가 어디에 있어요? ＿＿＿＿＿＿＿＿＿＿＿＿ .

3 미나 씨가 뭐 해요? 왜요? ＿＿＿＿＿＿＿＿＿＿＿＿ .

4 지금 시드니는 밤이에요? ＿＿＿＿＿＿＿＿＿＿＿＿ .

5 제니 씨가 오후에 어디에 가요? ＿＿＿＿＿＿＿＿＿＿＿＿ .

6 지금 베를린은 몇 시예요? ＿＿＿＿＿＿＿＿＿＿＿＿ .

7 한스 씨는 몇 시에 회의가 있어요? ＿＿＿＿＿＿＿＿＿＿＿＿ .

다 **알맞은 것을 쓰세요.**
Fill in the blanks with the words in the box.

공원   시험   오전   공부해요

운동해요   자요   조용해요

지금 한국 서울은 1 ___오전___ 여덟 시예요.

사람들이 회사에 가요. 학생들이 학교에 가요.

길에 자동차가 많아요.

미나 씨가 도서관에 있어요. 2 _____.

오후에 3 _____ 이 있어요.

지금 호주 시드니는 오전 아홉 시예요.

시드니에 앤디 씨 친구가 있어요. 이름이 제니예요.

제니 씨가 지금 4 _____ 에 있어요.

5 _____.

오전에 수업이 없어요. 오후에 학교에 가요.

지금 독일 베를린은 밤 열두 시예요.

길에 사람이 없어요. 6 _____.

한스 씨가 방에 있어요. 지금 7 _____.

오전 여섯 시에 일어나요.

일곱 시에 회의가 있어요.

가 **알맞은 것을 쓰세요.**
Fill in the blanks with the words or phrases in the box.

| 약속 | 저녁 | 다음에 | 만나요 |

1 A 하루카 씨, 보통 몇 시에 운동해요?

　B 보통 ___저녁___ 여섯 시에 운동해요.

2 A 앤디 씨, 내일 시간 있어요? 제 친구하고 같이 쇼핑해요.

　B 네, 좋아요. 내일 같이 _____.

3 A 사라 씨, 오늘 여섯 시에 뭐 해요?

　B _____ 이 있어요. 친구하고 백화점에 가요.

4 A 여보세요. 한스 씨, 지금 뭐 해요? 같이 식당에 가요.

　B 미안해요. 지금 일해요.

　A 그래요? 그럼 _____ 같이 가요.

나 **잘 듣고 질문에 답을 쓰세요.**
Listen carefully and answer the questions.

1 완 씨가 내일 몇 시에 공항에 가요?
_____완 씨가 내일 오후 다섯 시에 공항에 가요._____.

2 완 씨가 내일 왜 공항에 가요?
_____.

3 사라 씨가 내일 시간이 있어요? 왜요?
_____.

4 사라 씨가 누구하고 영화관에 가요?
_____.

5 누가 내일 시간이 있어요?
_____.

79

다 잘 들으세요. 그리고 빈칸을 채우세요.
Listen carefully and fill in the blanks.

앤디 완 씨, 내일 뭐 해요? 내일 저녁에 시간 있어요?

　　　같이 식사해요.

완 　내일 공항에 가요. 친구가 한국에 1 <u>와요</u>　.

앤디 몇 시에 공항에 가요?

완 　2 _____ 다섯 시에 공항에 가요.

앤디 아, 그래요?

앤디 사라 씨, 내일 저녁 여섯 시에 시간이 있어요?

사라 왜요?

앤디 제 친구하고 같이 식사해요.

사라 미안해요. 내일 저녁에 3 _____ 이 있어요.

　　　바야르 씨하고 영화관에 가요.

앤디 아, 그래요?

사라 4 _____. 다음에 같이 식사해요.

앤디 한스 씨….

한스 네, 앤디 씨.

앤디 내일 오후에 5 _____ 가요?

한스 아니요, 왜요?

앤디 그럼 내일 저녁 여섯 시에 시간 있어요?

한스 저녁 여섯 시…. 네, 있어요.

앤디 내일 제 친구하고 같이 식사해요. 서강대학교 6 _____.

한스 그래요? 좋아요. 내일 같이 만나요.

가 **알맞은 대답을 쓰세요.**
Look at the pictures and write the answers.

1

A 여기가 어디예요?

B _____.

2

A 앤디 씨가 어디에 있어요?

B _____.

3

A 공책이 어디에 있어요?

B _____.

4

A 지금 몇 시예요?

B _____.

5

A 오후 세 시에 어디에 가요?

B _____.

6

A 오전 아홉 시에 뭐 해요?

B _____.

7

A 몇 시에 일어나요?

B _____.

나 **다음 단어를 확인하세요. 그리고 알맞은 것을 쓰세요.**
Read the words in the box and use them to fill in the blanks.

> ▢ 고향　　▢ 밤　　▢ 방　　▢ 수업　　▢ 시험
>
> ▢ 친구　　▢ 회의　　▢ 좋아해요　　▢ 많아요　　▢ 조용해요

1 바야르 씨 집에 고양이가 있어요. 바야르 씨는 고양이를 ＿＿＿＿＿＿＿＿＿＿＿.

2 지금은 ＿＿＿＿＿＿＿ 이에요. 사람들이 자요.

3 한스 씨는 한국 친구가 열 명 있어요. 친구가 ＿＿＿＿＿＿＿＿＿＿.

4 교실에 학생이 없어요. 교실이 ＿＿＿＿＿＿＿＿＿.

5 수잔 씨는 회사원이에요. 오늘 오후에 ＿＿＿＿＿＿＿＿＿ 가 있어요.

다 **다음 표현을 확인하세요. 그리고 가장 알맞은 것을 쓰세요.**
Read the phrases the phrases in the box and use them to fill in the blanks.

> ▢ 지금 어디에 있어요?　　　　　　▢ 왜요?
>
> ▢ 4월 15일에 시간이 있어요?　　　▢ 미안해요.
>
> ▢ 4월 15일이 제 생일이에요.　　　▢ 약속이 있어요.
>
> ▢ 제 친구들하고 같이 식사해요.　　▢ 다음에 같이 식사해요.
>
> ▢ 네, 좋아요.　　　　　　　　　　▢ 내일 같이 만나요.

1 A 미나 씨가 ＿＿＿＿＿＿＿＿＿＿＿＿＿＿＿＿?

　B 교실에 있어요.

2 A 같이 카페에 가요.

　B ＿＿＿＿＿＿＿＿＿＿＿＿＿. 지금 수업이 있어요.

3 A 내일 뭐 해요?

　B 앤디 씨하고 ＿＿＿＿＿＿＿＿＿＿＿＿＿＿. 영화관에 가요.

4 A 오늘 저녁에 같이 식사해요.

　B ＿＿＿＿＿＿＿＿＿＿＿＿＿. 오늘 시간이 많아요.

? 퀴즈

※ [1~5] (   )에 들어갈 가장 알맞은 것을 고르십시오.

1 투안 씨는 (   )에 가요. 점심 식사해요.

❶ 은행   ❷ 도서관   ❸ 식당   ❹ 교실

2 저는 내일 (   )이 있어요. 친구하고 영화관에 가요.

❶ 회의   ❷ 수업   ❸ 약속   ❹ 영화

3 렌핑 씨는 도서관에 있어요. (   ).

❶ 요리해요   ❷ 샤워해요   ❸ 숙제해요   ❹ 운동해요

4 내일 시험이 있어요. 지금 (   ).

❶ 일어나요   ❷ 식사해요   ❸ 공부해요   ❹ 게임해요

5 하루카 씨는 (   ) 여섯 시에 일어나요.

❶ 보통   ❷ 지금   ❸ 혹시   ❹ 같이

※ [6~7] 다음을 읽고 물음에 답하십시오.

6 다음을 읽고 맞는 것을 고르십시오.

학생증 신청서		
이름	투안	
국적	베트남	(사진)
생일	10월 13일	
핸드폰	010-2232-8073	
이메일	thuanh@amail.com	
주소	서울시 마포구 백범로 35	
	년 월 일	

🛡 서강대학교

❶ 투안 씨는 한국 사람이에요.

❷ 투안 씨 생일이 시월 이십삼일이에요.

❸ 투안 씨는 핸드폰이 없어요.

❹ 투안 씨 집이 서울에 있어요.

7 다음을 읽고 내용이 같은 것을 고르십시오.

> 앤디 씨는 오전 9시에 반 친구들하고 같이 한국어 공부해요. 오후 1시 30분에 한국 친구하고 점심 식사해요. 학교 근처에 식당이 있어요. 오후 3시에 카페에 가요. 앤디 씨는 커피를 좋아해요.

❶ 카페가 학교 근처에 있어요.

❷ 앤디 씨는 녹차를 좋아해요.

❸ 앤디 씨는 한국 친구가 있어요.

❹ 앤디 씨는 한국어 선생님이에요.

듣기 ※ [8~10] 다음을 듣고 물음에 답하십시오.

8 잘 듣고 물음에 맞는 대답을 고르십시오.

❶ 공부해요.   ❷ 집에 가요.   ❸ 학교에 있어요.   ❹ 시간이 있어요.

9 잘 듣고 가장 알맞은 그림을 고르십시오.

❶    ❷   ❸    ❹

10 들은 내용과 같은 것을 고르십시오.

❶ 여자가 오늘 시간이 없어요.   ❷ 남자가 6시에 영화관에 가요.

❸ 여자가 5시에 친구 집에 가요.   ❹ 남자가 6시 30분에 시간이 있어요.

말하기 ※ 다음 그림을 보고 방을 소개하십시오.

3 카페에서 친구를 만나요

학습 목표

일상생활 말하기

문법

1. 명을/를
   A : 아메리카노를 좋아해요?
   B : 네, 아메리카노를 좋아해요.

2. 동-아/어요②
   A : 지금 뭐 해요?
   B : 드라마를 봐요.

3. 명에서
   A : 어디에서 책을 빌려요?
   B : 도서관에서 빌려요.

어휘와 표현

말하기

행동②
- □ (비자를) 받다 ·········· 받아요
- □ (친구를) 만나다 ·········· 만나요
- □ (옷을) 사다 ·········· 사요
- □ (영화를) 보다 ·········· 봐요
- □ (밥을) 먹다 ·········· 먹어요
- □ (책을) 읽다 ·········· 읽어요
- □ (영어를) 가르치다 ·········· 가르쳐요
- □ (커피를) 마시다 ·········· 마셔요
- □ (책을) 빌리다 ·········· 빌려요
- □ (테니스를) 배우다 ·········· 배워요
- □ (춤을) 추다 ·········· 춰요
- □ (음악을) 듣다 ·········· 들어요

문법
- □ 싫어해요.
- □ 한국 음식
- □ 김밥
- □ 요가
- □ 테니스장

대화
- □ 일본어
- □ 테니스를 치다
- □ 요가를 하다
- □ 한국 요리
- □ 요리 교실
- □ 친구 집
- □ 댄스 교실
- □ 축구하다
- □ 운동장
- □ 산책하다

읽고 말하기

- □ 월요일
- □ 화요일
- □ 수요일
- □ 목요일
- □ 금요일
- □ 토요일
- □ 일요일
- □ 태권도
- □ 중국 음식
- □ 아주
- □ 불고기
- □ 만들다
- □ 여행하다
- □ 월요일부터
- □ 금요일까지
- □ 바빠요.
- □ 등산하다

듣고 말하기

- □ 영화표
- □ 무슨 영화예요?
- □ 그 영화
- □ 재미있어요.
- □ 몰라요.
- □ 용산 역
- □ 1번 출구

명을/를

가   **알맞은 것을 고르세요.**
Circle the appropriate answers.

1   아메리카노 (을 / 를) 좋아해요.

2   카페라테 (을 / 를) 좋아해요.

3   밀크티 (을 / 를) 좋아해요.

4   레모네이드 (을 / 를) 좋아해요.

5   와플 (을 / 를) 좋아해요.

6   머핀 (을 / 를) 좋아해요.

7   샌드위치 (을 / 를) 좋아해요.

8   크루아상 (을 / 를) 좋아해요.

9   베이글 (을 / 를) 좋아해요.

Focus

consonant + 을	vowel + 를
와플 : 와플을	아메리카노 : 아메리카노를
머핀 : 머핀을	카페라테 : 카페라테를

나   **질문을 완성하고 대답을 쓰세요.**
Complete the questions and write the answers.

1   운동 을 좋아해요   ?   네, 운동을 좋아해요. / 아니요, 운동을 싫어해요 .

2   영화   ?   네, .

3   드라마   ?   네, .

4   한국 음식   ?   네, .

5   춤   ?   아니요, .

6   커피   ?   아니요, .

통-아/어요②

가 **'통-아/어요'로 바꾸세요.**
Conjugate the verbs using '-아/어요'.

1  친구를 만나다 → 친구를 만나요 .

2  영화를 보다 → .

3  김밥을 먹다 → .

4  요가를 배우다 → .

5  커피를 마시다 → .

6  음악을 듣다✿ → .

 Focus

'아', '오' + -아요	other + -어요
만나다 : 만나 + 아요 → 만나요	먹다 : 먹 + 어요 → 먹어요
보다 : 보 + 아요 → 봐요	가르치다 : 가르치 + 어요 → 가르쳐요

© 듣다 : 들어요

명 에서

가 문장을 완성하세요.

Look at the pictures and complete the sentences.

1

학교

한국어를 공부하다

학교에서 한국어를 공부해요
_____.

2

카페

커피를 마시다

_____.

3

영화관

영화를 보다

_____.

4
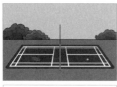
테니스장

테니스를 배우다

_____.

🔍 Focus

앤디 씨가 _____ 에서 공부해요.

↑
장소

나 **대화를 완성하세요.**
Look at the pictures and answer the questions.

1

A 어디에서 한국어를 공부해요?

B 학교에서 한국어를 공부해요 .

2

A 어디에서 친구를 만나요?

B _____ .

3

A 어디에서 영화를 봐요?

B _____

4

A 어디에서 커피를 마셔요?

B _____ .

5

A 어디에서 책을 읽어요?

B _____ .

6

A 어디에서 음악을 들어요?

B _____ .

가 **빈칸을 채우세요.**
Fill in the blanks with the words or phrases in the box.

| 금요일 | 내일 | 학교 운동장 | 가르쳐요 | 만나요 | 봐요 | 어디에서 |

투안　　하루카 씨, 오늘 일본어를 1 <u>가르쳐요</u>?

하루카　아니요.

투안　　그럼 뭐 해요?

하루카　영화를 2 ＿＿＿＿＿＿＿＿.

앤디　　완 씨, 3 ＿＿＿＿＿＿＿＿ 뭐 해요?

완　　　한국 요리를 배워요.

앤디　　4 ＿＿＿＿＿＿＿＿ 한국 요리를 배워요?

완　　　요리 교실에서 한국 요리를 배워요.

금요일　　　금요일

사라　　　　가브리엘 씨, 5 ＿＿＿＿＿＿＿ 에 뭐 해요?

가브리엘　축구해요.

사라　　　　어디에서 축구해요?

가브리엘　6 ＿＿＿＿＿＿＿ 에서 축구해요.

　　　　　　사라 씨는 금요일에 뭐 해요?

사라　　　　저는 친구를 7 ＿＿＿＿＿＿＿.

가 알맞은 것을 쓰세요.
Fill in the blanks with the words in the box.

| 오전 | 약속 | 빌리다 | 만들다 | 바빠요 |

1 화요일에 친구를 만나요. 친구하고 ___약속___ 이 있어요.

2 도서관에서 책을 _____. 그리고 집에서 책을 읽어요.

3 집에서 요리해요. 김밥을 _____.

4 9시부터 11시까지 말하기 수업이 있어요. _____에 학교에 가요.

5 오전에 공부해요. 오후에 회사에서 일해요. 아주 _____.

나 학생책 107쪽을 읽으세요. 질문에 답을 쓰세요.
Read page 107 of the student book and write the answers.

1 렌핑 씨는 월요일에 뭐 해요? 렌핑 씨는 월요일에 체육관에서 태권도를 배워요.

2 렌핑 씨는 어디에서 영화를 봐요? _____

3 바야르 씨는 금요일에 뭐 만들어요? _____

4 바야르 씨는 무슨 요일에 여행해요? _____

5 누가 오후에 일해요? _____

6 한스 씨는 수요일 몇 시에 테니스를 쳐요? _____

7 무슨 요일에 세 명 모두 시간이 있어요? _____

다 알맞은 것을 쓰세요.
Fill in the blanks with the words in the box.

| 오후 | 음식 | 체육관 | 만나다 | 빌리다 | 요리하다 |

저는 월요일에 1 <u>체육관</u> 에서 태권도를 배워요.

화요일에 친구하고 점심 식사해요.

식당에서 중국 2 _____ 을 먹어요.

금요일에 친구 집에서 영화를 봐요.

일요일에 게임을 해요.

게임을 아주 좋아해요.

저는 월요일에 도서관에서 책을 3 _____.

화요일에 친구하고 약속이 있어요.

수요일에 백화점에서 쇼핑해요.

금요일에 집에서 4 _____.

불고기를 만들어요.

일요일에 여행해요.

여행을 좋아해요.

저는 월요일부터 금요일까지 아주 바빠요.

오전에 학교에서 공부해요.

그리고 5 _____ 에 회사에서 일해요.

수요일 오전 일곱 시에 테니스장에서 테니스를 쳐요.

금요일 저녁에 친구를 6 _____.

일요일에 등산해요.

가 알맞은 것을 쓰세요.

Fill in the blanks with the words in the box.

영화표	출구	재미있다	몰라요

1 A 오늘 시간 있어요? _____영화표_____ 가 있어요. 같이 영화관에 가요.

 B 정말요? 좋아요. 같이 가요.

2 A '해리포터'가 재미있어요?

 B 네, 아주 _____.

3 A 신촌 역 알아요?

 B 아니요, 신촌 역 _____.

4 A 어디에서 만나요?

 B 신촌 역 6번 _____ 에서 만나요.

나 잘 듣고 질문에 답을 쓰세요.

Listen carefully and answer the questions.

1 앤디 씨가 영화를 좋아해요? 네, 앤디 씨가 영화를 좋아해요 _____.

2 두 사람이 무슨 영화를 봐요? _____.

3 그 영화가 어때요? _____.

4 두 사람이 오늘 몇 시에 만나요? _____.

5 두 사람이 어디에서 만나요? 왜요? _____.

다 잘 들으세요. 그리고 빈칸을 채우세요.
Listen carefully and fill in the blanks.

사라 앤디 씨.

앤디 네, 사라 씨.

사라 오늘 1 ~~바빠요~~ ?

앤디 아니요, 왜요?

사라 2 _____ 좋아해요?

앤디 네, 좋아해요.

사라 그럼 같이 영화관에 가요. 영화표가 있어요.

앤디 그래요? 3 _____ 영화예요?

사라 '해리포터'예요.

앤디 그 영화가 재미있어요?

사라 네, 아주 4 _____ .

앤디 그래요? 좋아요. 같이 봐요.

사라 그럼 6시에 용산 CGV에서 만나요.

앤디 5 _____ . 제가 용산 CGV를 몰라요.

사라 음, 용산 역 알아요?

앤디 네, 알아요.

사라 그럼 용산 역 1번 6 _____ 에서 만나요.

---

4 어제 핸드폰을 샀어요

학습 목표

과거 말하기

문법

1. 동-았/었어요
   A : 어제 뭐 했어요?
   B : 운동했어요.

2. 안 동형
   A : 보통 아침을 먹어요?
   B : 아니요, 안 먹어요.

3. 명도
   A : 마트에서 보통 뭐 사요?
   B : 사과를 사요. 그리고 우유도 사요.

어휘와 표현

말하기

과거 시간
- ☐ 오늘
- ☐ 어제
- ☐ 2일 전
- ☐ 이번 주
- ☐ 지난주
- ☐ 이번 달
- ☐ 지난달
- ☐ 올해
- ☐ 작년

집안일
- ☐ 요리(를) 하다
- ☐ 청소(를) 하다
- ☐ 설거지(를) 하다
- ☐ 빨래(를) 하다
- ☐ 다리미질(을) 하다
- ☐ 책상 정리(를) 하다

문법
- ☐ 날씨가 좋아요.
- ☐ 교실이 조용해요.
- ☐ 매일
- ☐ 주말
- ☐ 피곤해요.
- ☐ 수업 후

대화
- ☐ 언제
- ☐ 수영
- ☐ 이사를 하다
- ☐ 왜
- ☐ 점심을 먹다
- ☐ 바쁘다
- ☐ 다리가 아프다
- ☐ 일이 많다
- ☐ 시간이 없다

읽고 말하기

- ☐ 그래서
- ☐ 초대하다
- ☐ 파티
- ☐ 준비하다
- ☐ 그리고
- ☐ 마트
- ☐ 과일
- ☐ 주스
- ☐ 다 같이
- ☐ 맛있게
- ☐ 많이
- ☐ 아홉 시쯤
- ☐ 끝나다
- ☐ 그다음에
- ☐ 노래하다
- ☐ 정말
- ☐ 말하다
- ☐ 맛있어요.
- ☐ 하지만
- ☐ 기분이 좋다

듣고 말하기

- ☐ 우와!
- ☐ 그런데
- ☐ 기다리다

동-았/었어요

가 '동-았/었어요'로 바꾸세요.
Conjugate the verbs using '-았/었어요'.

1

운동하다
→ 운동했어요 .

2

친구를 만나다
→ ....

3

영화를 보다
→ ....

4

책을 빌리다
→ ....

5

테니스를 배우다
→ ....

6

음악을 듣다✪
→ ....

🔍 Focus

하다 → 했어요	'아', '오' + -았어요	other + -었어요
공부하다 → 공부했어요	받다 : 받+았어요 → 받았어요	먹다 : 먹+었어요 → 먹었어요
운동하다 → 운동했어요	보다 : 보+았어요 → 봤어요	빌리다 : 빌리+었어요→ 빌렸어요

Ⓒ 듣다 : 들었어요

ⓓ 쓰다 : 썼어요
바쁘다 : 바빴어요

나 대화를 완성하세요.
Complete the conversations.

1 A 어제 뭐 했어요?

B 친구를 만났어요 .
　　친구를 만나다

2 A 3일 전에 뭐 했어요?

B ....
　　비자를 받다

3 A 지난주에 뭐 했어요?

B ....
　　청소하다

4 A 지난달에 뭐 했어요?

B ....
　　요리를 배우다

5 A 두 달 전에 .... ?

B ....
　　영어를 가르치다

6 A 작년에 .... ?

B ....
　　여행하다

안 [동] [형]

가 '안'을 넣어서 문장을 쓰세요.
Complete the sentences using '안'.

1 밥을 먹어요.
　→ 밥을 안 먹어요 ....

2 옷을 사요.
　→ ....

3 커피를 마셔요.
　→ ....

4 음악을 들어요.
　→ ....

5 운동을 해요.
　→ ....

6 일을 해요.
　→ ....

7 날씨가 좋아요.
　→ ....

8 교실이 조용해요.
　→ ....

🔍 Focus

앤디 씨가 집에서 공부해요.　　책을 읽어요.　　음악을 들어요.　　피곤해요.
　　→ 공부 안 해요.　　→ 안 읽어요.　　→ 안 들어요.　　→ 안 피곤해요.

나 대화를 완성하세요.
Complete the conversations using '안'.

1 A 매일 요리해요?
　B 아니요, 매일 요리 안 해요 .... 식당에서 식사해요.

2 A 매일 커피를 마셔요?
　B .... 녹차를 마셔요.

3 A 주말에 보통 영화를 봐요?
　B .... 책을 읽어요.

4 A 어제 친구를 만났어요?
　B .... 요가를 배웠어요.

5 A 요즘 바빠요?
　B .... 시간이 많아요.

6 A 피곤해요?
　B .... 어제 많이 잤어요.

명 도

가 문장을 쓰세요.
Complete the sentences using '도'.

1

주말에 보통 <u>쇼핑을 해요. 그리고 운동도 해요</u>.

2

주말에 보통 _____.

3

어제 _____.

4

어제 _____.

나 **대화를 완성하세요.**
Complete the conversations.

1

A 보통 수업 후에 뭐 해요?

B 점심을 먹어요. 그리고 커피도 마셔요.

2

A 주말에 보통 뭐 해요?

B _____.

3

A 공원에서 뭐 해요?

B _____.

4

A 어제 카페에서 뭐 했어요?

B _____.

5

A 어제 뭐 했어요?

B _____.

6

A 어제 뭐 먹었어요?

B _____.

99

가 빈칸을 채우세요.

Fill in the blanks with the words in the box.

샀어요	있었어요	요리했어요	피곤했어요	언제	왜

수잔 렌핑 씨, 핸드폰 샀어요?

렌핑 네, 1 <u>샀어요</u>.

수잔 2 _____ 샀어요?

렌핑 3일 전에 샀어요.

사라 투안 씨, 월요일에 도서관에 갔어요?

투안 아니요. 안 갔어요.

사라 3 _____ 안 갔어요?

투안 4 _____.

바야르 가브리엘 씨, 어제 뭐 했어요?

가브리엘 집에 5 _____.

바야르 집에서 뭐 했어요?

가브리엘 6 _____. 그리고 청소도

했어요.

가 **알맞은 것을 쓰세요.**
Fill in the blanks with the words in the box.

| 과일 | 기분 | 끝나다 | 말하다 | 이사하다 |

1 저는 ___과일___ 을 좋아해요. 사과, 딸기, 수박 모두 좋아해요.

2 어제 생일 파티에 친구들이 많이 왔어요. _____ 이 좋았어요.

3 지난주에 서울에서 부산으로 _____. 부산에서 살아요.

4 어제 수업이 1시에 _____. 수업 후에 집에 갔어요.

5 어제 선생님이 "내일 시험이 있어요."라고 _____.

> **new**
> **딸기**
> strawberry
> **수박**
> watermelon
> **모두**
> all

나 **학생책 125쪽을 읽으세요. 질문에 답을 쓰세요.**
Read page 125 of the student book and answer the questions.

1 수잔 씨는 왜 집에 친구들을 초대했어요?

수잔 씨는 지난주에 이사했어요. 그래서 집에 친구들을 초대했어요.

2 수잔 씨는 어제 오전에 뭐 했어요?

_____

3 수잔 씨는 마트에서 뭐 샀어요?

_____

4 친구들이 수잔 씨 집에서 뭐 했어요?

_____

5 파티가 언제 끝났어요?

_____

다 **알맞은 것을 쓰세요.**
Fill in the blanks with the words in the box.

~~듣다~~   준비하다   ~~초대하다~~   맛있다   피곤하다   맛있게

수잔 씨는 지난주에 이사했어요. 그래서 어제 집에 친구들을 1 <u>초대했어요</u>.

수잔 씨는 어제 오전에 파티를 2 ＿＿＿＿＿＿＿. 집을 청소했어요. 그리고 마트에

갔어요. 마트에서 과일을 샀어요. 그리고 주스도 샀어요. 오후 세 시에 요리를 했어요. 불고기를

만들었어요.

친구들이 일곱 시에 왔어요. 다 같이 저녁을 3 ＿＿＿＿＿＿＿ 먹었어요. 그리고

이야기도 많이 했어요. 아홉 시쯤 저녁 식사가 끝났어요. 그다음에 노래했어요. 음악을

4 ＿＿＿＿＿＿＿. 그리고 춤도 췄어요. 파티가 정말 재미있었어요.

투안 씨가 말했어요. "수잔 씨, 집이 아주 좋아요."

완 씨가 말했어요. "음식이 아주 5 ＿＿＿＿＿."

"고마워요." 수잔 씨가 말했어요.

파티가 밤 열한 시에 끝났어요. 수잔 씨는 6 ＿＿＿＿＿＿＿. 하지만 기분이 아주

좋았어요.

가 **알맞은 것을 쓰세요.**
Fill in the blanks with the words in the box.

| 수업 | 저녁 | 가르치다 | 기다리다 |

1 A 무슨 일을 하세요?

   B 일본어 선생님이에요. 한국 사람들한테 일본어를 <u>가르쳐요</u>.

2 A 누구하고 식사했어요?

   B 앤디 씨하고 _____을 먹었어요.

3 A 몇 시에 학교에 가요?

   B 8시 50분에 가요. 9시부터 _____이 있어요.

4 A 어제 친구하고 약속이 있었어요. 그런데 친구가 늦게 왔어요.

   B 몇 분 동안 _____?

> 🆕
> 동안
> for, during
> 늦게
> late

나 **잘 듣고 질문에 답을 쓰세요.**
Listen carefully and write the answers.

1 어제 수잔 씨 파티가 어땠어요?   <u>어제 수잔 씨 파티가 아주 재미있었어요</u>.

2 가브리엘 씨가 수잔 씨 집에서 뭐 했어요?   _____.

3 가브리엘 씨가 몇 시에 집에 갔어요?   _____.

4 하루카 씨가 왜 파티에 안 갔어요?   _____.

5 하루카 씨는 어제 몇 시에 일이 끝났어요?   _____.

다 **잘 들으세요. 그리고 빈칸을 채우세요.**
Listen carefully and fill in the blanks.

하루카   가브리엘 씨, 어제 수잔 씨 집에 갔어요?

가브리엘   네, 갔어요. 파티가 아주 1 재미있었어요.

하루카   그래요? 수잔 씨 집에서 뭐 했어요?

가브리엘   이야기를 많이 했어요. 그리고 음악도 2 _____.

하루카   우와, 저녁도 먹었어요?

가브리엘   네, 수잔 씨가 한국 음식을 만들었어요. 그래서 다 같이 한국 음식을 먹었어요.

하루카   몇 시에 집에 갔어요?

가브리엘   파티가 11시에 3 _____. 그래서 11시 반에 집에 갔어요.

하루카   11시 반에요?

가브리엘   네, 그런데 하루카 씨는 어제 왜 파티에 안 왔어요?

하루카   어제 4 _____.

가브리엘   일본어 수업이 있었어요?

하루카   네, 일본어를 가르쳤어요.

가브리엘   아, 그래요? 친구들이 하루카 씨를 5 _____.

하루카   미안해요. 밤 9시에 일이 끝났어요.

가브리엘   6 _____. 다음에 친구들하고 같이 식사해요.

하루카   좋아요.

가 다음 표를 완성하세요.
Complete the following tables.

동-아/어요	
청소하다	먹다
받다	마시다
사다	배우다
보다	듣다⊙

동-았/었어요	
빨래하다	읽다
찾다	가르치다
만나다	추다
오다	걷다⊙

나 알맞은 대답을 쓰세요.
Look at the pictures and answer the questions.

1

A 오늘 오후에 뭐 해요?

B _____.

2

A 어디에서 점심을 먹어요?

B _____.

3

A 어제 뭐 했어요?

B _____.

4

A 언제 한국에 왔어요?

B _____.

다 다음 단어를 확인하세요. 그리고 알맞은 것을 쓰세요.

Read the following words in the box and use them to fill in the blanks.

영화	태권도	등산하다	만들다	이사하다
준비하다	초대하다	피곤하다	바쁘다	맛있다

1 바야르 씨 생일이에요. 그래서 바야르 씨가 집에 친구들을 ....

2 한스 씨가 아주 .... 매일 회사에 가요.

3 미나 씨가 운동을 좋아해요. 요즘 체육관에서 .... 를 배워요.

4 저는 부산에서 살았어요. 그런데 지난달에 .... 지금은 서울에서 살아요.

5 오후에 파티해요. 그래서 오전에 마트에 갔어요. 청소했어요. 파티를 ....

라 다음 표현을 확인하세요. 그리고 가장 알맞은 것을 쓰세요.

Reading the following phrases in the box and use them to fill in the blanks.

오늘 바빠요?	왜 파티에 안 왔어요?
아니요, 왜요?	수업이 있었어요.
무슨 영화예요?	하루카 씨를 기다렸어요.
알아요?	밤 9시에 일이 끝났어요.
몰라요.	다음에 친구들하고 같이 식사해요.

1 A .... ?

B 아니요, 안 바빠요.

2 A 같이 영화 봐요. 영화표가 있어요.

B .... ?

3 A .... ?

B 일이 많았어요. 그래서 안 갔어요.

4 A 몇 시에 일이 끝났어요?

B ....

 퀴즈

읽기 ※ [1~5] ( )에 들어갈 가장 알맞은 것을 고르십시오.

1

저는 ( )에 가요. 한국어를 배워요.

❶ 대사관   ❷ 은행   ❸ 학교   ❹ 백화점

2

하루카 씨는 일본어 선생님이에요. 일본어를 ( ).

❶ 봐요   ❷ 마셔요   ❸ 만나요   ❹ 가르쳐요

3

앤디 씨는 어제 도서관에서 책을 ( ).

❶ 먹었어요   ❷ 샀어요   ❸ 읽었어요   ❹ 들었어요

4

완 씨는 커피( ) 좋아해요. 그래서 매일 커피를 마셔요.

❶ 가   ❷ 에   ❸ 에서   ❹ 를

5

한스 씨는 어제 병원에 갔어요. ( ).

❶ 바빴어요   ❷ 좋았어요   ❸ 아팠어요   ❹ 피곤했어요

※ [6~7] 다음을 읽고 물음에 답하십시오.

완 씨는 지난주 금요일에 파티를 했어요. 왜냐하면 완 씨 생일이었어요. 집에 친구들을 초대했어요. 완 씨는 아침 일찍 일어났어요. 오전에 집을 청소했어요. 그리고 요리도 했어요. 태국 음식을 만들었어요. 저녁에 친구들이 왔어요. 다 같이 저녁 식사했어요. 그리고 이야기도 많이 했어요. 춤도 췄어요. 친구들이 완 씨에게 선물을 줬어요. 완 씨는 아주 ㉠ ....

6 ㉠에 들어갈 알맞은 말을 고르십시오.

❶ 아팠어요   ❷ 바빴어요

❸ 기분이 좋았어요   ❹ 일이 많았어요

7 윗글의 내용과 같은 것을 고르십시오.

　❶ 완 씨는 친구들에게 선물을 줬어요.

　❷ 완 씨는 마트에서 태국 음식을 샀어요.

　❸ 완 씨는 지난달에 생일 파티를 했어요.

　❹ 완 씨는 친구들하고 같이 저녁을 먹었어요.

듣기 ※ [8~10] 다음을 듣고 물음에 맞는 대답을 고르십시오.

8 　❶ 네, 영화관이 있어요.　　　　❷ 네, 영화관에 가요.

　❸ 아니요, 친구하고 영화를 봐요.　❹ 아니요, 영화를 안 좋아해요.

9 　❶ 오늘 마셔요.　　　　　　　❷ 친구가 마셔요.

　❸ 아니요, 안 마셔요.　　　　　❹ 카페에서 마셔요.

10 ❶ 네, 오늘도 가요.　　　　　　❷ 네, 학교에 가요.

　❸ 아니요, 안 아팠어요.　　　　❹ 아니요, 병원에 안 갔어요.

말하기 ※ 다음 그림을 보고 이야기를 만드십시오.

5 지하철 2호선을 타세요

학습 목표

설명하기

문법

1. 동-고 싶어요
   A : 어디에 가고 싶어요?
   B : 부산에 가고 싶어요.

2. 명(으)로①
   A : 집에 버스로 가요? 지하철로 가요?
   B : 버스로 가요.

3. 동-(으)세요①
   A : 명동에 어떻게 가요?
   B : 604번 버스를 타세요.

어휘와 표현

말하기

교통수단
- 버스
- 지하철
- 자동차
- 택시
- 자전거
- 오토바이
- 기차
- 비행기
- 걸어서

문법
- 친구하고 놀다
- 방학 때
- 선물
- 어떻게 가요?
- 공항에서 집까지
- 이름을 쓰다
- 쉬다
- 23쪽
- 잘 듣다
- 문장을 만들다
- 자리에서 일어나다
- 인사를 하다
- 창문을 열다
- 친구 얼굴을 그리다

대화
- 저기
- 타다
- 얼마나 걸려요?
- 30분쯤
- 2호선
- 갈아타다
- 내리다
- KTX
- 세 시간
- ITX
- 고속버스

읽고 말하기
- 다니다
- 시작하다
- 멀다
- 첫날
- 왜냐하면
- 정류장
- 가깝다
- 길이 막히다
- 늦다
- 다음 날
- 지하철역
- 조금
- 걷다
- 빠르다
- 일찍
- 도착하다
- 요즘
- 이제

듣고 말하기
- 친구들한테서
- 자주
- 정말요?
- 와!
- 다음 주 어때요?

5 문법

동-고 싶어요

가 문장을 쓰세요.

Look at the pictures and write the sentences using '-고 싶어요'.

1

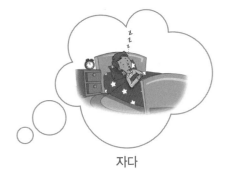

자다

자고 싶어요 _____ .

2

집에 가다

_____ .

3

친구하고 놀다

_____ .

4

한국에서 살다

_____ .

5

커피를 마시다

_____ .

6

음악을 듣다

_____ .

🔍 Focus

vowel, consonant + -고 싶어요	
가다 : 가고 싶어요	먹다 : 먹고 싶어요

나 대화를 완성하세요.
Complete the conversations using '-고 싶어요'.

1 A 점심에 뭐 먹고 싶어요?

   B <u>김밥을 먹고 싶어요</u>.
                      김밥을 먹다

2 A 지금 뭐 하고 싶어요?

   B _____.
                      집에서 쉬다

3 A 방학 때 뭐 하고 싶어요?

   B _____.
                      고향에 가다

4 A 생일이에요. 생일 선물 뭐 받고 싶어요?

   B _____.
                      콘서트 표를 받다

new
콘서트 concert

5 A 고향 친구가 한국에 와요. 친구하고 뭐 하고 싶어요?

   B 요즘 날씨가 좋아요. 그래서 _____.
                                    한강 공원에서 걷다

6 A 기분이 안 좋아요. 그럼 뭐 하고 싶어요?

   B _____.
                      케이크를 먹다

명(으)로①

가 문장을 쓰세요.
Look at the pictures and write the sentences using '(으)로'.

1

___버스로 가요___.

2

_____.

3

_____.

4

_____.

5

_____.

6

_____.

7

_____.

8

_____.

9

_____.

Focus

consonant + 으로	vowel + 로
지하철 2호선 : 지하철 2호선으로	버스 : 버스로

나 대화를 완성하세요.
Look at the picture and complete the conversation using '(으)로'.

신촌 집 → 홍대입구 역 → 인천 공항 → 나리타 공항 → 일본 집

A 고향 집에 어떻게 가요?

B 신촌 집에서 홍대입구 역까지 걸어서 가요.

_____

_____

통-(으)세요①

가 문장을 쓰세요.

Look at the conversation and write the sentences using '-(으)세요', '-지 마세요'.

1

친구하고 이야기하다

친구하고 이야기하세요 .

2

이름을 쓰다

.

3

쉬다

.

4

23쪽을 읽다

.

5

잘 듣다✪

.

6

문장을 만들다✪

.

7

교실에서 음식을 먹다(X)

교실에서 음식을 먹지 마세요 .

8

여기에서 자전거를 타다(X)

.

🔍 Focus

vowel + -세요	consonant + -으세요
보다 : 보세요	읽다 : 읽으세요

vowel, consonant + -지 마세요	
보다 : 보지 마세요	읽다 : 읽지 마세요

ⓒ 듣다 : 들으세요

ⓔ 만들다 : 만드세요

가 **빈칸을 채우세요.**
Fill in the blanks with the words in the box.

가세요   갈아타세요   걸려요   내리세요   타세요   어떻게   쯤

명동

604 (30분)

앤디 미나 씨, 명동에 1 <u>어떻게</u> 가요?

미나 저기에서 604번 버스를 타세요.

앤디 명동까지 얼마나 2 _____?

미나 30분쯤 걸려요.

앤디 고마워요.

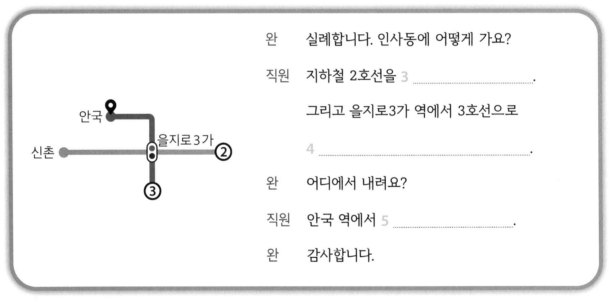

안국
신촌   을지로3가 ②
③

완   실례합니다. 인사동에 어떻게 가요?

직원 지하철 2호선을 3 _____.

그리고 을지로3가 역에서 3호선으로

4 _____.

완   어디에서 내려요?

직원 안국 역에서 5 _____.

완   감사합니다.

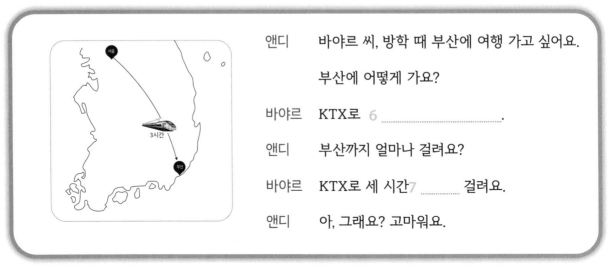

서울

3시간

부산

앤디 바야르 씨, 방학 때 부산에 여행 가고 싶어요.

부산에 어떻게 가요?

바야르 KTX로 6 _____.

앤디 부산까지 얼마나 걸려요?

바야르 KTX로 세 시간7 _____ 걸려요.

앤디 아, 그래요? 고마워요.

가 **알맞은 것을 쓰세요.**
Fill in the blanks with the words or phrases in the box.

| 정류장 | 도착하다 | 멀다 | 길이 막히다 | 걸어서 |

1 저는 버스를 많이 타요. 왜냐하면 집 앞에 버스 ___정류장___ 이 있어요.

2 길에 자동차가 많아요. 그래서 _____.

3 집에서 학교까지 아주 가까워요. 그래서 학교에 _____ 가요.

4 학교에서 집까지 아주 _____. 지하철로 1시간쯤 걸려요.

5 수업이 9시에 시작해요. 앤디 씨가 8시 30분에 왔어요. 일찍 _____.

나 **학생책 145쪽을 읽으세요. 질문에 답을 쓰세요.**
Read page 145 of the student book and answer the questions.

1 앤디 씨는 첫날 버스를 탔어요. 학교에 일찍 도착했어요?

___아니요, 앤디 씨는 수업 시간에 늦었어요_____.

2 앤디 씨 집에서 지하철역까지 가까워요?

_____.

3 앤디 씨는 다음 날 지하철을 탔어요. 뭐가 좋았어요?

_____.

4 앤디 씨 집에서 학교까지 얼마나 걸려요? (버스 :   지하철 :   )

_____.

5 앤디 씨는 요즘 어떻게 학교에 가요? 왜요?

_____.

다 **알맞은 것을 쓰세요.**
Fill in the blanks with the words in the box.

버스	요즘	지하철	늦다	~~다니다~~	가까워요	빨랐어요

앤디 씨는 지난달부터 학교에 1 <u>다녀요</u>. 수업이 아홉 시에 시작해요.
그런데 앤디 씨 집이 학교에서 멀어요. 그래서 첫날 앤디 씨는 2 _____ 로
학교에 갔어요. 왜냐하면 버스 정류장이 집에서 3 _____. 그런데 길이 많이
막혔어요. 집에서 학교까지 50분 걸렸어요. 그래서 수업 시간에 4 _____.

다음 날 앤디 씨는 5 _____ 을 탔어요. 지하철역은 집에서 조금 멀어요.
지하철역까지 많이 걸었어요. 그런데 지하철이 아주 6 _____. 25분쯤
걸렸어요. 그래서 학교에 일찍 도착했어요.

앤디 씨는 7 _____ 지하철로 학교에 가요. 이제 학교에 안 늦어요.

가 **알맞은 것을 쓰세요.**
Fill in the blanks with the words or phrases in the box.

자주	약속이 있다	어때요	친구들한테서

1 A 주말에 바빠요?

  B 네, 친구하고 <u>약속이 있어요</u> .

2 A 미나 씨, 학교 앞 S 카페 어때요?

  B 거기 카페라테가 맛있어요. 저는 일주일에 두 번 가요. _____ 가요.

  new
  일주일에
  for a week

3 A 이번 주에 시간 있어요? 같이 점심 먹어요.

  B 이번 주는 좀 바빠요. 다음 주 _____? 다음 주는 괜찮아요.

4 A 와! 가방 샀어요?

  B 아니요, _____ 선물 받았어요.

나 **잘 듣고 질문에 답을 쓰세요.**
Listen carefully and write the answers.

1 앤디 씨는 어디에 가고 싶어요?

  <u>앤디 씨는 인사동에 가고 싶어요</u> .

2 인사동에 가고 싶어요. 그럼 몇 번 버스를 타요?

  _____ .

3 인사동에 지하철로 어떻게 가요?

  _____ .

4 신촌에서 인사동까지 시간이 얼마나 걸려요? (버스 :   지하철 :   )

  _____ .

5 미나 씨하고 앤디 씨는 이번 주말에 인사동에 가요?

  _____ .

다 잘 들으세요. 그리고 빈칸을 채우세요.
Listen carefully and fill in the blanks.

앤디   미나 씨, 여기 알아요? 여기가 어디예요?

미나   아, 여기요? 인사동이에요.

앤디   여기가 인사동이에요?
　　　친구들한테서 이야기를 많이 1 <u>들었어요</u> .

미나   아, 그래요? 저도 인사동에 자주 가요.

앤디   정말요? 저도 인사동에 가고 싶어요. 그런데 인사동에 2 ＿＿＿＿＿＿＿ 가요?

미나   신촌에서 273번 버스를 타세요. 버스로 40분쯤 걸려요.

앤디   와, 시간이 많이 걸려요.

미나   그래요? 그럼 지하철로 3 ＿＿＿＿＿＿＿＿＿ .

앤디   지하철로 어떻게 가요?

미나   신촌 역에서 지하철 2호선을 타세요.
　　　그리고 을지로3가 역에서 3호선으로 갈아타세요.

앤디   어디에서 내려요?

미나   안국 역에서 내리세요.

앤디   지하철은 시간이 4 ＿＿＿＿＿ 걸려요?

미나   25분쯤 걸려요.

앤디   와, 지하철이 빨라요. 그런데 미나 씨, 5 ＿＿＿＿＿＿ 주말에 시간이 있어요?
　　　미나 씨하고 인사동에 같이 가고 싶어요.

미나   미안해요, 앤디 씨. 이번 주말에는 약속이 있어요. 다음 주 어때요?

앤디   좋아요. 그럼 다음 주에 6 ＿＿＿＿＿＿ 가요.

6 내일 등산하러 갈 거예요

학습 목표

계획 말하기

문법

1. 동-(으)러 가요
   A : 어디에 가요?
   B : 산책하러 공원에 가요.

2. 명(이)나
   A : 아침에 뭐 먹어요?
   B : 사과나 바나나를 먹어요.

3. 동-(으)ㄹ 거예요
   A : 내일 뭐 할 거예요?
   B : 영화를 볼 거예요.

어휘와 표현

말하기

미래 시간
- □ 내일
- □ 2일 후
- □ 다음 주
- □ 다음 달
- □ 내년

문법
- □ 환전을 하다
- □ 사진을 찍다
- □ 옷을 바꾸다
- □ 택배를 보내다
- □ 머리를 자르다
- □ 쇼핑몰
- □ 영어

대화
- □ 구경하다
- □ 휴가
- □ 서핑을 하다
- □ 시티투어버스를 타다

읽고 말하기

- □ 아르바이트를 하다
- □ 새 친구들
- □ 반 친구들
- □ 낮잠을 자다
- □ 주중
- □ 손님
- □ 이번

듣고 말하기

- □ 유럽
- □ 혼자
- □ 박물관
- □ 그리고 또
- □ 파리에만
- □ 이탈리아에도
- □ 로마
- □ 베네치아
- □ 나중에
- □ 사진을 보여 주세요.
- □ 여행 잘 다녀오세요.

图 -(으)러 가요

가 **문장을 쓰세요.**

Look at the pictures and write the sentences using '-(으)러 가요'.

1
마트

사과를 사러 마트에 가요 .

2
도서관

_____ .

3
친구 집

_____ .

4
체육관

_____ .

나 **대화를 완성하세요.**

Complete the conversations.

1 A 어디에 가요?

  B <u>커피를 사러</u> 카페에 가요.
     커피를 사다

2 A 어디에 가요?

  B _____ 은행에 가요.
     환전을 하다

3 A 어디에 가요?

사진관
photo studio

  B _____ 사진관에 가요.
     사진을 찍다

4 A 어디에 가요?

  B _____ 백화점에 가요.
     옷을 바꾸다

5 A 어디에 가요?

  B _____ 우체국에 가요.
     택배를 보내다

6 A 어디에 가요?

  B _____ 미용실에 가요.
     머리를 자르다

Focus

vowel + -러 가요	consonant + -으러 가요
사다 : 사러 가요	먹다 : 먹으러 가요

© 듣다 : 들으러 가요

® 만들다 : 만들러 가요

명(이)나

가 문장을 쓰세요.

Look at the pictures and write the sentences using '(이)나'.

1

<u>비빔밥이나 김치찌개</u> 를 먹어요.

2

_____ 를 마셔요.

3

_____ 에 가요.

4

_____ 에서 책을 읽어요.

🔍 Focus

consonant + 이나	vowel + 나
비빔밥 : 비빔밥이나	김치찌개 : 김치찌개나

나 대화를 완성하세요.

Complete the conversations using '(이)나'.

1 A 아침에 보통 뭐 먹어요?

    B <u>샌드위치나 김밥</u> 을 먹어요.
         샌드위치/김밥

2 A 카페에서 보통 뭐 마셔요?

    B _____ 를 마셔요.
        아메리카노/카페라테

3 A 시간이 있어요. 그럼 뭐 배우고 싶어요?

    B _____ 를 배우고 싶어요.
        춤/테니스

4 A 수업 후에 어디에서 공부해요?

    B _____ 에서 공부해요.
        도서관/카페

5 A 친구를 만나요. 그럼 보통 어디에 가요?

    B _____ 에 가요.
        카페/식당

6 A 부산에 어떻게 가요?

    B _____ 로 가요.
        KTX/고속버스

동-(으)ㄹ 거예요

가 '동-(으)ㄹ 거예요'로 바꾸세요.
Conjugate the verbs using '-(으)ㄹ 거예요'.

1

등산하다

<u>등산할 거예요</u> .

2

영어를 가르치다

.

3

책을 읽다

.

4

노래를 듣다✪

.

5

친구하고 놀다✪

.

6

점심을 먹으러 가다

.

🔍 Focus

vowel + -ㄹ 거예요	consonant + -을 거예요
가다 : 갈 거예요	먹다 : 먹을 거예요

ⓒ 듣다 : 들을 거예요
ⓔ 살다 : 살 거예요

나 대화를 완성하세요.
Complete the conversations using '-(으)ㄹ 거예요.'

1 A 내일 뭐 할 거예요?

   B <u>시험공부할 거예요</u> .
   시험공부하다

2 A 이번 주말에 뭐 할 거예요?

   B _____ .
   친구하고 쇼핑하다

3 A 다음 주에 뭐 할 거예요?

   B _____ .
   자전거를 타러 한강 공원에 가다

4 A 다음 달에 뭐 할 거예요?

   B _____ .
   부산에 친구를 만나러 가다

5 A 두 달 후에 _____ ?

   B _____ .
   학교 근처로 이사하다

6 A 내년에 _____ ?

   B _____ .
   한국에서 대학교에 다니다

가 **빈칸을 채우세요.**

Fill in the blanks with the words or phrases in the box.

휴가	공원에	등산하러	북한산이나
언제예요	뭐 할 거예요	자전거를 타러

사라   앤디 씨, 어디에 가요?

앤디   1   <u>공원에</u>   가요.

사라   산책하러 가요?

앤디   아니요, 2 _____ 가요.

완   이번 주 토요일에 3 _____?

한스   4 _____ 갈 거예요.

완   어디에 갈 거예요?

한스   5 _____ 관악산에 갈 거예요.

가브리엘   휴가가 6 _____?

수잔   이번 주 금요일부터 다음 주 화요일까지예요.

가브리엘   7 _____ 때 뭐 할 거예요?

수잔   부산에 갈 거예요.

가브리엘   부산에서 뭐 할 거예요?

수잔   해운대에 갈 거예요.

가 알맞은 것을 쓰세요.
Fill in the blanks with the words or phrases in the box.

| 반 | 주중 | 새 친구들 | 아르바이트하다 | 낮잠을 자다 |

1 학교에서 ___새 친구들___ 을 많이 만났어요.

2 요즘 돈이 없어요. 그래서 편의점에서 _____.

3 _____ 에는 학교에서 한국어를 배워요. 주말에는 영어를 가르쳐요.

4 어제 오후에 한 시간 동안 _____. 왜냐하면 피곤했어요.

5 앤디 씨, 완 씨, 한스 씨 모두 803호 교실에서 한국어를 배워요.

세 사람은 _____ 친구예요.

나 학생책 163쪽을 읽으세요. 질문에 답을 쓰세요.
Read page 163 of the student book and write the answers.

1 사라 씨는 한국에 왜 왔어요?

___사라 씨는 한국어를 배우러 한국에 왔어요___.

2 사라 씨는 수업 후에 어디에서 식사해요?

_____.

3 사라 씨는 식사 후에 집에 뭐 하러 가요?

_____.

4 카페에 왜 손님이 많아요?

_____.

5 사라 씨는 이번 주말에 뭐 할 거예요? 왜요?

_____.

다 알맞은 것을 쓰세요.

Fill in the blanks with the words or phrases in the box.

공부하다	낮잠을 자다	만나다	손님이 많다
아르바이트하다	점심을 먹다	한국어를 배우다	

저는 한국 영화를 아주 좋아해요. 그래서 지난달에

1 <u>한국어를 배우러</u> 한국에 왔어요.

오전에 한국어를 배워요. 그리고 오후에 아르바이트를 해요.

학교에서 새 친구들을 많이 만났어요. 친구들하고 한국어로

이야기해요. 그래서 한국어 수업이 아주 재미있어요. 수업 후에

반 친구들하고 2 _____ 식당에 가요. 학생 식당이나

학교 근처 식당에서 식사해요. 그리고 3 _____

집에 가요.

주중에는 저녁에 4 _____ 카페에 가요. 2주 전부터

카페에서 아르바이트를 시작했어요. 집에서 카페까지 걸어서 15분쯤

걸려요. 카페 앞에 공원이 있어요. 공원에 사람이 많아요. 그래서

카페에 5 _____. 아주 바빠요.

주말에는 보통 집에서 영화를 봐요. 하지만 이번 주말에는 반 친구를 6 _____.

친구하고 같이 한국어를 7 _____. 왜냐하면 다음 주에 시험이 있어요.

가 **알맞은 것을 쓰세요.**
Fill in the blanks with the words or phrases in the box.

박물관 　　　　　 혼자 　　　　　 나중에 　　　　　 보여 주세요

1 A 지난 주말에 누구하고 백화점에 갔어요?

　 B 친구들이 바빴어요. 그래서 ＿＿＿혼자＿＿＿ 갔어요.

new
옛날
ancient times
문화
culture

2 A 한국 옛날 문화를 알고 싶어요.

　 B 그래요? 그럼 ＿＿＿＿＿＿＿＿ 에 가세요.

3 A 하루카 씨, 부산 여행 재미있었어요? 사진 좀 ＿＿＿＿＿＿＿＿.

　 B 네, 여기요.

4 A 이번 주 토요일에 같이 등산하러 가요.

　 B 미안해요. 토요일에 다른 약속이 있어요. ＿＿＿＿＿＿＿＿ 같이 가요.

나 **잘 듣고 질문에 답을 쓰세요.**
Listen carefully and write the answers.

1 미나 씨는 방학 때 뭐 할 거예요?

　 미나 씨는 방학 때 유럽에 여행 갈 거예요 ＿＿＿＿＿＿＿＿.

2 미나 씨는 어느 나라에 갈 거예요?

　 ＿＿＿＿＿＿＿＿＿＿＿＿＿＿＿＿＿＿＿＿.

3 미나 씨는 파리에서 어디에 있을 거예요?

　 ＿＿＿＿＿＿＿＿＿＿＿＿＿＿＿＿＿＿＿＿.

4 미나 씨는 파리에서 뭐 할 거예요?

　 ＿＿＿＿＿＿＿＿＿＿＿＿＿＿＿＿＿＿＿＿.

5 미나 씨는 이탈리아에서 어디에 갈 거예요?

　 ＿＿＿＿＿＿＿＿＿＿＿＿＿＿＿＿＿＿＿＿.

다 잘 들으세요. 그리고 빈칸을 채우세요.
Listen carefully and fill in the blanks.

앤디 미나 씨, 이번 방학 때 뭐 할 거예요?

미나 유럽에 여행 갈 거예요.

앤디 1 ___혼자___ 여행 갈 거예요?

미나 네, 그런데 프랑스 파리에 친구가 있어요. 그래서 친구 집에 2 _____ 거예요.

앤디 파리에 친구가 있어요?

미나 네, 작년에 3 _____ 파리에 갔어요.

앤디 아, 그래요? 파리에서 뭐 할 거예요?

미나 박물관에 갈 거예요.

앤디 박물관요? 그리고 4 _____ 뭐 할 거예요?

미나 쇼핑을 할 거예요. 그리고 프랑스 음식도 많이 먹을 거예요.

앤디 파리에만 있을 거예요?

미나 아니요, 이탈리아에도 갈 거예요.

앤디 이탈리아에서는 어디에 갈 거예요?

미나 로마나 베네치아에 갈 거예요. 이탈리아에서 사진을 많이 5 _____ 거예요.

앤디 그럼 나중에 사진을 보여 주세요.

미나 네, 좋아요.

앤디 여행 잘 6 _____.

미나 감사합니다.

가 다음 표를 완성하세요.
Complete the following tables.

통-고 싶어요

공부하다	읽다
가다	듣다
먹다	살다

명(으)로①

버스	비행기
자전거	지하철

통-(으)세요①

공부하다	읽다
보다	듣다 ✿
받다	만들다 ✿

통-(으)러 가요

산책하다	찾다
사다	듣다 ✿
받다	놀다 ✿

명(이)나

빵/밥	친구/선생님
지하철/버스	커피/차

통-(으)ㄹ 거예요

여행하다	먹다
오다	걷다 ✿
받다	놀다 ✿

나 **다음 단어를 확인하세요. 그리고 알맞은 것을 쓰세요.**
Read the following words in the box and use them to fill in the blanks.

▢ 첫날	▢ 손님	▢ 시작하다	▢ 늦다	▢ 열다
▢ 환전하다	▢ 찍다	▢ 가깝다	▢ 빠르다	▢ 새

1 수업 _____ 이에요. 친구들 앞에서 자기소개를 해요.

2 보통 9시에 학교에 와요. 오늘은 10시에 왔어요. 학교에 _____.

3 한국 돈이 없어요. 은행에 _____ 가요.

4 집에서 학교까지 걸어서 5분 걸려요. 아주 _____.

5 어제 백화점에서 _____ 옷을 샀어요.

다 **다음 표현을 확인하세요. 그리고 가장 알맞은 것을 쓰세요.**
Read the following phrases in the box and use them to fill in the blanks.

▢ 친구들한테서 이야기를 많이 들었어요.	▢ 이번 방학 때 뭐 할 거예요?
▢ 아, 그래요?	▢ 그리고 또 뭐 할 거예요?
▢ 정말요?	▢ 파리에만 있을 거예요?
▢ 혹시 주말에 시간이 있어요?	▢ 그럼 나중에 사진을 보여 주세요.
▢ 다음 주 어때요?	▢ 여행 잘 다녀오세요.

1 A _____? 같이 영화 보러 가요.

   B 미안해요. 주말에 바빠요.

2 A 저 내일 부산에 여행 가요.

   B 아, 그래요? _____. 나중에 사진을 보여 주세요.

3 A _____?

   B 이번 방학 때 집에서 쉴 거예요.

4 A 우리 같이 식사해요. _____?

   B 네, 좋아요. 다음 주에 시간이 많아요.

？ 퀴즈

읽기 ※ [1~5] (   )에 들어갈 가장 알맞은 것을 고르십시오.

1
신촌에서 강남까지 가요. 강남 역에 도착했어요. 강남 역에서 (   ).

❶ 와요   ❷ 타요   ❸ 내려요   ❹ 갈아타요

2
을지로3가 역에서 3호선(   ) 갈아타요.

❶ 이   ❷ 에   ❸ 에서   ❹ 으로

3
앤디 씨는 옷을 (   ) 백화점에 가요.

❶ 사러   ❷ 살러   ❸ 만들러   ❹ 자르러

4
완 씨는 내년에 유럽에 여행 (   ).

❶ 놀 거예요   ❷ 살 거예요   ❸ 갈 거예요   ❹ 할 거예요

5
신촌까지 버스로 40분쯤, 지하철로 10분쯤 걸려요. 지하철이 (   ).

❶ 늦어요   ❷ 멀어요   ❸ 바빠요   ❹ 빨라요

※ [6~7] 다음을 읽고 물음에 답하십시오.

한스 씨는 월요일부터 금요일까지 오전에 한국어를 배우러 학교에 다녀요. 그리고 점심 식사 후에 회사에 일하러 가요. 수요일 오전에는 수업 전에 테니스장에서 테니스를 쳐요. 테니스장은 학교에서 아주 가까워요. 걸어서 10분쯤 걸려요. 금요일 저녁에는 보통 친구를 만나요. 하지만 이번 주 금요일은 휴가예요. 한스 씨는 금요일에 부산에 갈 거예요. 부산에서 바다를 ㉠ ....

6 ㉠에 들어갈 알맞은 말을 고르십시오.

❶ 놀 거예요   ❷ 다닐 거예요

❸ 여행할 거예요   ❹ 구경할 거예요

7 윗글의 내용과 같은 것을 고르십시오.

❶ 한스 씨는 이번 주 금요일에 쉬어요.

❷ 한스 씨는 수요일 저녁에 보통 친구를 만나요.

❸ 한스 씨는 지난 휴가 때 부산에 여행을 갔어요.

❹ 한스 씨는 월요일부터 금요일까지 오후에 한국어를 배워요.

듣기 ※ [8~10] 다음을 듣고 물음에 답하십시오.

8 잘 듣고 물음에 맞는 대답을 고르십시오.

❶ 버스로 가요.   ❷ 네, 학교에 가요.

❸ 우리 같이 학교에 가요.   ❹ 오전 9시까지 학교에 가요.

9 잘 듣고 남자가 이어서 할 말로 맞는 것을 고르십시오.

❶ 신촌 역에서 타세요.   ❷ 안국 역에서 내리세요.

❸ 안국 역에서 갈아타세요.   ❹ 을지로3가 역에서 내리세요.

10 들은 내용과 같은 것을 고르십시오.

❶ 남자는 공원에서 산책했어요.   ❷ 여자는 친구 생일 선물을 샀어요.

❸ 남자는 오늘 백화점에 갈 거예요.   ❹ 여자는 지난 주말에 친구를 만났어요.

말하기 ※ 다음 그림을 보고 이야기를 만드십시오.

첫날

다음 날

부록 Appendix

인터뷰 질문

자기소개

1. 이름이 뭐예요?
2. 어느 나라 사람이에요? / 어느 나라에서 왔어요?
3. 무슨 일을 하세요?
4. 언제 한국에 왔어요?
5. 왜 한국에 왔어요?

학교

1. 교실에 학생이 몇 명 있어요?
2. 어느 나라 사람이 있어요?
3. 보통 반 친구하고 뭐 해요?

시간

1. 오늘이 며칠이에요?
2. 오늘이 무슨 요일이에요?
3. 지금 몇 시예요?

일상생활(현재)

1. 보통 몇 시에 일어나요? 몇 시에 자요?
2. 학교에 몇 시에 와요?
3. 수업 후에 어디에 가요? 뭐 해요?
4. 보통 몇 시에 집에 가요? 집에서 뭐 해요?
5. 주말에 보통 뭐 해요?

생일

1. 생일이 며칠이에요?
2. 작년 생일에 뭐 했어요?
3. 작년 생일에 무슨 선물을 받았어요?
4. 내년 생일에 무슨 선물을 받고 싶어요?

일상생활(과거)

1. 오늘 아침에 몇 시에 일어났어요?
2. 오늘 아침에 뭐 했어요?
3. 어제 오후에 뭐 했어요?
4. 지난 주말에 뭐 했어요?

집

1. 집이 어디에 있어요?
2. 집 앞에 뭐가 있어요?
3. 집에서 학교까지 어떻게 와요? 얼마나 걸려요?

일상생활(미래)

1. 오늘 수업 후에 뭐 할 거예요?
2. 이번 주말에 뭐 할 거예요?
3. 방학 때 뭐 하고 싶어요?

준비 1~4 p. 60

다음을 듣고 물음에 답하십시오.

6.
남자 어느 나라 사람이에요?
여자 미국 사람이에요.

7.
남자 무슨 일을 하세요?
여자 회사원이에요.

8.
남자 이게 뭐예요?
여자 의자예요.

9.
남자 레몬차 있어요?
여자 아니요, 레몬차 없어요.
남자 그럼 커피 있어요?
여자 네, 있어요.
남자 커피 주세요.

10.
남자 지우개 있어요?
여자 네, 있어요.
남자 지우개 몇 개 있어요?
여자 네 개 있어요.

11.
남자 렌핑 씨 전화번호가 몇 번이에요?
여자 010-9649-1504예요.

12.
남자 한스 씨 생일 알아요?
여자 네, 알아요.
남자 한스 씨 생일이 며칠이에요?
여자 12월 31일이에요.

13.
남자 콜라 얼마예요?
여자 1,500원이에요.

남자 그럼 오렌지 주스 얼마예요?
여자 4,500원이에요.

1~2 p. 84

다음을 듣고 물음에 답하십시오.

8.
여자 지금 어디에 가요?

9.
여자 앤디 씨, 지금 교실에 있어요?
남자 네, 왜요?
여자 혹시 제 가방이 교실에 있어요?
남자 네, 책상 아래에 있어요.

10.
여자 오늘 5시에 시간 있어요? 같이 영화관에 가요.
남자 미안해요. 5시에 친구 집에 가요.
여자 그럼 6시 반에 시간 있어요?
남자 네, 있어요.

3~4 p. 108

다음을 듣고 물음에 맞는 대답을 고르십시오.

8.
남자 영화를 좋아해요?

9.
남자 어디에서 커피를 마셔요?

10.
남자 미나 씨, 어제 왜 학교에 안 왔어요?
여자 아팠어요. 그래서 병원에 갔어요.
남자 오늘도 병원에 가요?

5~6 p. 132

다음을 듣고 물음에 답하십시오.

8.
남자 학교에 어떻게 가요?

135

9.

여자   신촌에서 인사동에 어떻게 가요?

남자   신촌 역에서 지하철 2호선을 타세요.

        그리고 을지로3가 역에서 3호선으로 갈아타세요.

여자   어디에서 내려요?

10.

남자   이번 주말에 뭐 할 거예요?

여자   공원에 산책하러 갈 거예요. 앤디 씨는 주말에 뭐 할 거예요?

남자   저는 주말에 친구를 만날 거예요. 토요일이 친구 생일이에요.

여자   아, 그래요? 친구 생일 선물은 샀어요?

남자   아니요, 오늘 백화점에 사러 갈 거예요.

준비 1 반갑습니다 p. 25~32

문법 p. 26

명이에요/예요

가 1. 앤디예요. 미국 사람이에요.
2. 미나예요. 한국 사람이에요.
3. 렌펑이에요. 중국 사람이에요.
4. 완이에요. 태국 사람이에요.
5. 하루카예요. 일본 사람이에요.
6. 한스예요. 독일 사람이에요.

나 1. 앤디예요. 미국 사람이에요.
2. 투안이에요. 베트남 사람이에요.
3. 이름이 뭐예요?
   어느 나라 사람이에요?
4. 이름이 뭐예요?
   어느 나라 사람이에요?

다 1. 학생이에요.
2. 선생님이에요.
3. 회사원이에요.
4. 의사예요.
5. 간호사예요.
6. 요리사예요.

라 1. 가수예요.
2. 배우예요.
3. 작가예요.
4. 패션 디자이너예요.
5. 군인이에요.
6. 경찰이에요.

대화 p. 30

가 1. 이름이 뭐예요?
2. 어느 나라 사람이에요?

3. 반갑습니다.
4. 무슨 일을 하세요?

읽고 말하기 p. 31

가 1. 이분이 누구예요?
2. 어느 나라 사람이에요?
3. 무슨 일을 하세요?

나 1. 앤디 씨는 미국 사람이에요.
2. 앤디 씨는 운동 좋아해요.
3. 하루카 씨는 일본어 선생님이에요.
4. 하루카 씨는 드라마 좋아해요.

다 1. 안녕하세요?
2. 학생
3. 만나서 반갑습니다.
4. 일본
5. 드라마

준비 2 한국어 책이에요 p. 33~40

문법 p. 34

이게/저게

가 1. 이게　 2. 이게　 3. 이게
4. 저게　 5. 저게　 6. 저게

나 1. 책이에요.
2. 공책이에요.
3. 필통이에요.
4. 연필이에요.
5. 샤프예요.
6. 볼펜이에요.

다 1. 지우개예요.
2. 수정 테이프예요.

3. 가위예요.

4. 가방이에요.

5. 우산이에요.

6. 달력이에요.

라 1. 책상이에요.

2. 의자예요.

3. 시계예요.

4. 노트북이에요.

5. 텔레비전이에요.

6. 에어컨이에요.

대화   p. 38

가 1. 이게 뭐예요?

2. 저게 뭐예요?

3. 제 거예요.

4. 아니에요.

듣고 말하기   p. 39

가 1. 칫솔   2. 비누   3. 수건   4. 치약

5. 숟가락   6. 젓가락   7. 컵   8. 접시

나 1. 비누, 수건   2. 숟가락, 접시

3. 필통, 책   4. 우산

준비 **3** **핸드폰 있어요?**   p. 41~48

문법   p. 42

명 **있어요/없어요**

가 1. 있어요.   2. 없어요.

3. 있어요.   4. 없어요.

5. 있어요.   6. 없어요.

나 1. 네, 핸드폰 있어요.

2. 아니요, 선글라스 없어요.

3. 아니요, 충전기 없어요.

4. 네, 우산 있어요.

5. 네, 교통카드 있어요.

6. 아니요, 여권 없어요.

7. 네, 수정 테이프 있어요.

8. 아니요, 가위 없어요.

어휘   p. 44

숫자①

가 1. 일번   2. 이번   3. 삼번

4. 사번   5. 오번   6. 육번

7. 칠번   8. 팔번   9. 구번

나 10 십   20 이십   30 삼십

40 사십   50 오십   60 육십

70 칠십   80 팔십   90 구십

100 백

다 1. 공일공에 사구사팔에 일이팔칠이에요.

2. 공일공에 이칠일칠에 삼팔사삼이에요.

3. 공일공에 구육사구에 일오공사예요.

4. 공일공에 오구이공에 칠이사오예요.

5. 전화번호가 몇 번이에요?

6. 투안 씨 전화번호가 몇 번이에요?

라 1. 십이월 오일이에요.

2. 십이월 십삼일이에요.

3. 십이월 이십오일이에요.

4. 십이월 삼십일일이에요.

대화   p. 47

가 1. 있어요?

2. 몇 번이에요?

3. 맞아요?

4. 알아요?

5. 며칠이에요?

읽고 말하기　p. 48

가　1. 일오구공　　2. 팔
　　3. 칠　　　　　4. 이
　　5. 일　　　　　6. 백사

준비 4　커피 주세요　p. 49~56

문법　p. 50

명 주세요

가　1. 커피　　　　2. 콜라
　　3. 레몬차　　　4. 물
　　5. 오렌지 주스　6. 녹차

나　1-6. 주세요.

어휘　p. 52

숫자②

가　1. 하나　　2. 둘　　　3. 셋
　　4. 넷　　　5. 다섯　　6. 여섯
　　7. 일곱　　8. 여덟　　9. 아홉
　　10. 열

나　1. 한 개　　2. 두 개　　3. 세 개
　　4. 네 개　　5. 다섯 개　6. 여섯 개

다　1. 두 개 있어요.
　　2. 세 개 있어요.
　　3. 네 개 있어요.
　　4. A　몇 개 있어요?
　　　B　다섯 개 있어요.
　　5. A　몇 개 있어요?
　　　B　일곱 개 있어요.

6. A　몇 개 있어요?
　　B　여덟 개 있어요.

라　1. 십 원　　　　2. 오십 원
　　3. 백 원　　　　4. 오백 원
　　5. 천 원　　　　6. 오천 원
　　7. 만 원　　　　8. 오만 원

마　1. A　얼마예요?
　　　B　삼천 원이에요.
　　2. A　얼마예요?
　　　B　사천오백 원이에요.
　　3. A　얼마예요?
　　　B　구천 원이에요.
　　4. A　얼마예요?
　　　B　만 오천 원이에요.

대화　p. 55

가　1. 주세요.
　　2. 개
　　3. 얼마예요?
　　4. 있어요?

듣고 말하기　p. 56

가　1. 사천오백 원　　2. 오천칠백 원
　　3. 만 칠천 원　　　4. 칠천팔백 원

나　1. 네, 한, 주세요.
　　2. 모두

준비 1~4　복습　p. 57~60

복습　p. 57

가　1. 학생이에요.

2. 선생님이에요.

3. 책상이에요.

4. 가방이에요.

나 1. 공일공에 사구사팔에 일이팔칠이에요.

2. 시월 이십삼일이에요.

3. 네 개 있어요.

4. 만 구천오백 원이에요.

다 1. 이름이 뭐예요?

2. 어느 나라 사람이에요?

3. 무슨 일을 하세요?

4. 누구 거예요?

5. 고마워요.

6. 전화번호가 몇 번이에요?

7. 생일이 며칠이에요?

8. 얼마예요?

퀴즈　p. 59

읽기

1. ②　　2. ②　　3. ①

4. 생일　5. ④

듣기

6. ③　　7. ④　　8. ②

9. ①　　10. ④　　11. ①

12. ④　　13. ④

1 앤디 씨가 식당에 있어요　p. 61~70

문법　p. 62

명이/가

가 1. 이

2. 가

3. 이

4. 이

5. 이

6. 가

나 1. 이름이 뭐예요?

2. 직업이 뭐예요?

3. 오늘이 며칠이에요?

4. 전화번호가 몇 번이에요?

5. 의자가 몇 개 있어요?

6. 학생이 몇 명 있어요?

명에 있어요

가 1. 미나 씨가 영화관에 있어요.

2. 바야르 씨가 식당에 있어요.

3. 한스 씨가 회사에 있어요.

4. 앤디 씨가 서점에 있어요.

5. 수잔 씨가 우체국에 있어요.

나 1. 서점이 5층에 있어요.

2. 대사관이 3층에 있어요.

3. 카페가 4층에 있어요.

4. 은행이 1층에 있어요.

5. 식당이 7층에 있어요.

6. 영화관이 6층에 있어요.

7. 화장실이 2층에 있어요.

8. 편의점이 지하 1층에 있어요.

명 명에 있어요

가 1. 위

2. 앞

3. 뒤

4. 옆/왼쪽

5. 아래

6. 옆/오른쪽

나 1. 강아지가 침대 위에 있어요.

2. 모자가 책상 위에 있어요.

3. 우산이 침대 옆/왼쪽에 있어요.

4. 가방이 침대 앞에 있어요.

5. 컵이 책상 위에 있어요.

6. 쓰레기통이 책상 아래에 있어요.

대화　p. 66

가 1. 실례합니다.

2. 없어요.

3. 어디

4. 혹시

5. 책상 위

6. 근처

7. 앞

읽고 말하기　p. 67

가 1. 집

2. 있어요.

3. 영화

4. 백화점

5. 고향

나 1. 완 씨가 태국 사람이에요.

2. 완 씨 생일이 10월 19일이에요.

3. 사라 씨가 한국 영화를 좋아해요.

4. 사라 씨 집이 신촌에 있어요. 현대 백화점 뒤에 있어요.

5. 가브리엘 씨 집이 잠실에 있어요.

6. 가브리엘 씨 집 앞에 공원이 있어요.

다 1. 고향

2. 학생

3. 핸드폰 번호

4. 좋아해요.

5. 뒤

6. 프로그래머

7. 앞

듣고 말하기　p. 69

가 1. 생일

2. 지금

3. 시간

4. 식사해요.

5. 좋아요.

나 1. 네, 앤디 씨가 지금 학교에 있어요.

2. 스터디 카페가 A빌딩에 있어요.

3. 스터디 카페가 3층에 있어요.

4. 미나 씨가 학교 앞 식당에 있어요.

5. 네, 앤디 씨가 미나 씨 생일에 시간이 있어요.

다 1. 지금

2. 학교

3. 3층

4. 앞

5. 왜요?

6. 생일

2　여섯 시에 일어나요　p. 71~80

문법　p. 72

명에

가 1. 오전 다섯 시 이십 분이에요.

2. 오전 여덟 시 삼십 분/반이에요.

3. 오전 열 시 사십오 분이에요.

4. 오후 두 시 오십오 분이에요.

5. 오후 네 시 오십 분이에요.

6. 지금 몇 시예요?

나 1. 일곱 시에 일어나요.

2. 몇 시에 자요?

명에 가요

가　1. 회사에 가요.

　　2. 체육관에 가요.

　　3. 식당에 가요.

　　4. 공원에 가요.

　　5. 공항에 가요.

　　6. 병원에 가요.

나　1. 학생 식당에 가요.

　　2. 도서관에 가요.

　　3. 어디에 가요?

　　4. 일곱 시에 어디에 가요?

동-아/어요①

가　1. 공부해요.

　　2. 일해요.

　　3. 요리해요.

　　4. 쇼핑해요.

　　5. 운동해요.

　　6. 저녁 식사해요.

나　1. 세수해요.

　　2. 점심 식사해요.

　　3. 숙제해요.

　　4. 뭐 해요?

　　5. 밤 열 시에 뭐 해요?

대화　p. 76

가　1. 어디에

　　2. 저도

　　3. 같이

　　4. 오후

　　5. 아니요.

　　6. 뭐

　　7. 보통

　　8. 윤호 씨는요?

9. 몇 시에

읽고 말하기　p. 77

가　1. 조용해요.

　　2. 친구

　　3. 수업

　　4. 방

　　5. 많아요.

나　1. 서울은 지금 오전 여덟 시예요.

　　2. 미나 씨가 도서관에 있어요.

　　3. 미나 씨가 공부해요. 오후에 시험이 있어요.

　　4. 아니요, 지금 시드니는 오전이에요.

　　5. 제니 씨가 오후에 학교에 가요.

　　6. 지금 베를린은 밤 열두 시예요.

　　7. 한스 씨는 일곱 시에 회의가 있어요.

다　1. 오전

　　2. 공부해요.

　　3. 시험

　　4. 공원

　　5. 운동해요.

　　6. 조용해요.

　　7. 자요.

듣고 말하기　p. 79

가　1. 저녁

　　2. 만나요.

　　3. 약속

　　4. 다음에

나　1. 완 씨가 내일 오후 다섯 시에 공항에 가요.

　　2. 완 씨 친구가 한국에 와요.

　　3. 아니요, 사라 씨가 내일 시간이 없어요. 내일 저녁에 약속이 있어요.

4. 사라 씨가 바야르 씨하고 영화관에 가요.

5. 한스 씨가 내일 시간이 있어요.

다
1. 와요.

2. 오후

3. 약속

4. 미안해요.

5. 회사에

6. 학생이에요.

1~2 복습
p. 81~84

복습
p. 81

가
1. 우체국이에요.

2. 앤디 씨가 편의점에 있어요.

3. 공책이 의자 위에 있어요.

4. 열 시 오십 분이에요.

5. 오후 세 시에 은행에 가요.

6. 오전 아홉 시에 운동해요.

7. 오전 일곱 시 삼십 분/반에 일어나요.

나
1. 좋아해요.

2. 밤

3. 많아요.

4. 조용해요.

5. 회의

다
1. 지금 어디에 있어요?

2. 미안해요.

3. 약속이 있어요.

4. 네, 좋아요.

퀴즈
p. 83

읽기

1. ③   2. ③

3. ③   4. ③

5. ①   6. ④

7. ③

듣기

8. ②   9. ②

10. ④

말하기

모범 답안

> 제 방이에요. 방에 침대, 책상, 컵, 가방, 쓰레기통이 있어요. 침대가 책상 왼쪽에 있어요. 침대 앞에 가방이 있어요. 책상 위에 컵이 있어요. 책상 아래에 쓰레기통이 있어요.

3 카페에서 친구를 만나요
p. 85~94

문법
p. 86

명을/를

가
1. 를   2. 를

3. 를   4. 를

5. 을   6. 을

7. 를   8. 을

9. 을

나
1. 을 좋아해요?

네, 운동을 좋아해요.

아니요, 운동을 싫어해요.

2. 를 좋아해요?

네, 영화를 좋아해요.

3. 를 좋아해요?

네, 드라마를 좋아해요.

4. 을 좋아해요?

네, 한국 음식을 좋아해요.

5. 을 좋아해요?

아니요, 춤을 싫어해요.

6. 를 좋아해요?

   아니요, 커피를 싫어해요.

동-아/어요②

가 1. 친구를 만나요.

   2. 영화를 봐요.

   3. 김밥을 먹어요.

   4. 요가를 배워요.

   5. 커피를 마셔요.

   6. 음악을 들어요.

명에서

가 1. 학교에서 한국어를 배워요.

   2. 카페에서 커피를 마셔요.

   3. 영화관에서 영화를 봐요.

   4. 테니스장에서 테니스를 배워요.

나 1. 학교에서 한국어를 공부해요.

   2. 식당에서 친구를 만나요.

   3. 영화관에서 영화를 봐요.

   4. 카페에서 커피를 마셔요.

   5. 도서관에서 책을 읽어요.

   6. 집에서 음악을 들어요.

대화   p. 90

가 1. 가르쳐요?

   2. 봐요.

   3. 내일

   4. 어디에서

   5. 금요일

   6. 학교 운동장

   7. 만나요.

읽고 말하기   p. 91

가 1. 약속

   2. 빌려요.

   3. 만들어요.

   4. 오전

   5. 바빠요.

나 1. 렌핑 씨는 월요일에 체육관에서 태권도를 배워요.

   2. 렌핑 씨는 친구 집에서 영화를 봐요.

   3. 바야르 씨는 금요일에 불고기를 만들어요.

   4. 바야르 씨는 일요일에 여행해요.

   5. 한스 씨가 오후에 일해요.

   6. 한스 씨는 수요일 오전 7시에 테니스를 쳐요.

   7. 토요일에 세 명 모두 시간이 있어요.

다 1. 체육관

   2. 음식

   3. 빌려요.

   4. 요리해요.

   5. 오후

   6. 만나요.

듣고 말하기   p. 93

가 1. 영화표

   2. 재미있어요.

   3. 몰라요.

   4. 출구

나 1. 네, 앤디 씨가 영화를 좋아해요.

   2. 두 사람이 '해리포터'를 봐요.

   3. 그 영화가 아주 재미있어요.

   4. 두 사람이 오늘 6시에 만나요.

   5. 두 사람이 용산 역 1번 출구에서 만나요. 왜냐하면 앤
디 씨가 용산 CGV를 몰라요.

다 1. 바빠요.

   2. 영화

   3. 무슨

   4. 재미있어요.

5. 미안해요.

6. 출구

4 어제 핸드폰을 샀어요   p. 95~104

문법   p. 96

동-았/었어요

가
1. 운동했어요.
2. 친구를 만났어요.
3. 영화를 봤어요.
4. 책을 빌렸어요.
5. 테니스를 배웠어요.
6. 음악을 들었어요.

나
1. 친구를 만났어요.
2. 비자를 받았어요.
3. 청소했어요.
4. 요리를 배웠어요.
5. 뭐 했어요?
   영어를 가르쳤어요.
6. 뭐 했어요?
   여행했어요.

안 동 형

가
1. 밥을 안 먹어요.
2. 옷을 안 사요.
3. 커피를 안 마셔요.
4. 음악을 안 들어요.
5. 운동을 안 해요.
6. 일을 안 해요.
7. 날씨가 안 좋아요.
8. 교실이 안 조용해요.

나
1. 아니요, 매일 요리 안 해요.
2. 아니요, 매일 커피를 안 마셔요.
3. 아니요, 주말에 보통 영화를 안 봐요.
4. 아니요, 어제 친구를 안 만났어요.

5. 아니요, 요즘 안 바빠요.
6. 아니요, 안 피곤해요.

명도

가
1. 쇼핑을 해요. 그리고 운동도 해요.
2. 요리를 해요. 그리고 테니스도 쳐요.
3. 영화를 봤어요. 그리고 책도 읽었어요.
4. 친구를 만났어요. 그리고 이야기도 했어요.

나
1. 점심을 먹어요. 그리고 커피도 마셔요.
2. 책을 읽어요. 그리고 등산도 해요.
3. 친구를 만나요. 그리고 산책도 해요.
4. 커피를 마셨어요. 그리고 음악도 들었어요.
5. 친구하고 놀았어요. 그리고 영화도 봤어요.
6. 김밥을 먹었어요. 그리고 떡볶이도 먹었어요.

대화   p. 100

가
1. 샀어요.
2. 언제
3. 왜
4. 피곤했어요.
5. 있었어요.
6. 요리했어요.

읽고 말하기   p. 101

가
1. 과일
2. 기분
3. 이사했어요.
4. 끝났어요.
5. 말했어요.

나
1. 수잔 씨는 지난주에 이사했어요. 그래서 집에 친구들을 초대했어요.
2. 수잔 씨는 어제 오전에 파티를 준비했어요. 집을 청소했어요. 그리고 마트에 갔어요.
3. 수잔 씨는 마트에서 과일을 샀어요. 그리고 주스도 샀

어요.

4. 친구들이 수잔 씨 집에서 다 같이 저녁을 먹었어요. 이야기를 했어요. 노래했어요. 음악을 들었어요. 춤을 췄어요.

5. 파티가 밤 11시에 끝났어요.

다 1. 초대했어요.

2. 준비했어요.

3. 맛있게

4. 들었어요.

5. 맛있어요.

6. 피곤했어요.

듣고 말하기   p. 103

가 1. 가르쳐요.

2. 저녁

3. 수업

4. 기다렸어요?

나 1. 어제 수잔 씨 파티가 아주 재미있었어요.

2. 가브리엘 씨가 수잔 씨 집에서 이야기를 많이 했어요. 그리고 음악도 들었어요. 저녁도 먹었어요.

3. 가브리엘 씨가 11시 반에 집에 갔어요.

4. 하루카 씨가 바빴어요. 그래서 파티에 안 갔어요.

5. 하루카 씨는 어제 밤 9시에 일이 끝났어요.

다 1. 재미있었어요.

2. 들었어요.

3. 끝났어요.

4. 바빴어요.

5. 기다렸어요.

6. 아니에요.

3~4 복습   p. 105~108

복습   p. 105

가

동-아/어요			
청소하다	청소해요	먹다	먹어요
받다	받아요	마시다	마셔요
사다	사요	배우다	배워요
보다	봐요	듣다⊕	들어요

동-았/었어요			
빨래하다	빨래했어요	읽다	읽었어요
찾다	찾았어요	가르치다	가르쳤어요
만나다	만났어요	추다	췄어요
오다	왔어요	걷다⊕	걸었어요

나 1. 요가를 배워요.

2. 식당에서 점심을 먹어요.

3. 테니스를 쳤어요.

4. 두 달 전에 한국에 왔어요.

다 1. 초대해요/초대했어요.

2. 바빠요.

3. 태권도

4. 이사했어요.

5. 준비했어요.

라 1. 오늘 바빠요?

2. 무슨 영화예요?

3. 왜 파티에 안 왔어요?

4. 밤 9시에 일이 끝났어요.

퀴즈   p. 107

읽기

1. ③   2. ④

3. ③   4. ④

5. ③　　6. ③

7. ④

듣기

8. ④　　9. ④

10. ①

말하기

모범 답안

앤디 씨가 친구들하고 같이 식사했어요. 음식이 많았어요. 치킨, 피자를 먹었어요. 그리고 콜라도 마셨어요. 이야기도 많이 했어요. 그다음에 친구들하고 같이 노래했어요.

5　지하철 2호선을 타세요　　p. 109~118

문법　p. 110

동-고 싶어요

가
1. 자고 싶어요.
2. 집에 가고 싶어요.
3. 친구하고 놀고 싶어요.
4. 한국에서 살고 싶어요.
5. 커피를 마시고 싶어요.
6. 음악을 듣고 싶어요.

나
1. 김밥을 먹고 싶어요.
2. 집에서 쉬고 싶어요.
3. 고향에 가고 싶어요.
4. 콘서트 표를 받고 싶어요.
5. 한강 공원에서 걷고 싶어요.
6. 케이크를 먹고 싶어요.

명(으)로①

가
1. 버스로 가요.
2. 지하철로 가요.
3. 자동차로 가요.

4. 택시로 가요.
5. 자전거로 가요.
6. 오토바이로 가요.
7. 기차로 가요.
8. 비행기로 가요.
9. 걸어서 가요.

나　신촌 집에서 홍대입구 역까지 걸어서 가요. 홍대입구 역에서 인천 공항까지 지하철로 가요. 인천 공항에서 나리타 공항까지 비행기로 가요. 나리타 공항에서 일본 집까지 버스로 가요.

동-(으)세요①

가
1. 친구하고 이야기하세요.
2. 이름을 쓰세요.
3. 쉬세요.
4. 23쪽을 읽으세요.
5. 잘 들으세요.
6. 문장을 만드세요.
7. 교실에서 음식을 먹지 마세요.
8. 여기에서 자전거를 타지 마세요.

대화　p. 114

가
1. 어떻게
2. 걸려요?
3. 타세요.
4. 갈아타세요.
5. 내리세요.
6. 가세요.
7. 쯤

읽고 말하기　p. 115

가
1. 정류장
2. 길이 막혀요.
3. 걸어서
4. 멀어요.

5. 도착했어요.

나 1. 아니요, 앤디 씨는 수업 시간에 늦었어요.

2. 아니요, 앤디 씨 집에서 지하철역까지 조금 멀어요.

3. 지하철이 아주 빨랐어요. 그래서 앤디 씨는 학교에 일찍 도착했어요.

4. 앤디 씨 집에서 학교까지 버스로 50분쯤, 지하철로 25분쯤 걸렸어요.

5. 앤디 씨는 요즘 지하철로 학교에 가요. 왜냐하면 학교에 안 늦어요.

다 1. 다녀요.

2. 버스

3. 가까워요.

4. 늦었어요.

5. 지하철

6. 빨랐어요.

7. 요즘

듣고 말하기　p. 117

가 1. 약속이 있어요.

2. 자주

3. 어때요?

4. 친구들한테서

나 1. 앤디 씨는 인사동에 가고 싶어요.

2. 인사동에 가고 싶어요. 그럼 신촌에서 273번 버스를 타요.

3. 신촌 역에서 지하철 2호선을 타요. 그리고 을지로3가 역에서 3호선으로 갈아타요. 안국 역에서 내려요.

4. 신촌에서 인사동까지 버스로 40분쯤, 지하철로 25분쯤 걸려요.

5. 아니요, 미나 씨하고 앤디 씨는 이번 주말에 인사동에 안 가요. 다음 주에 가요.

다 1. 들었어요.

2. 어떻게

3. 가세요.

4. 얼마나

5. 혹시

6. 같이

6　내일 등산하러 갈 거예요　p. 119~128

문법　p. 120

동 -(으)러 가요

가 1. 사과를 사러 마트에 가요.

2. 책을 읽으러 도서관에 가요.

3. 게임하러 친구 집에 가요.

4. 운동하러 체육관에 가요.

나 1. 커피를 사러

2. 환전을 하러

3. 사진을 찍으러

4. 옷을 바꾸러

5. 택배를 보내러

6. 머리를 자르러

명 (이)나

가 1. 비빔밥이나 김치찌개

2. 커피나 주스

3. 공원이나 쇼핑몰

4. 카페나 도서관

나 1. 샌드위치나 김밥

2. 아메리카노나 카페라테

3. 춤이나 테니스

4. 도서관이나 카페

5. 카페나 식당

6. KTX나 고속버스

동 -(으)ㄹ 거예요

가 1. 등산할 거예요.

2. 영어를 가르칠 거예요.

3. 책을 읽을 거예요.

4. 노래를 들을 거예요.

5. 친구하고 놀 거예요.

6. 점심을 먹으러 갈 거예요.

나
1. 시험공부할 거예요.

2. 친구하고 쇼핑할 거예요.

3. 자전거를 타러 한강 공원에 갈 거예요.

4. 부산에 친구를 만나러 갈 거예요.

5. 뭐 할 거예요?

　학교 근처로 이사할 거예요.

6. 뭐 할 거예요?

　한국에서 대학교에 다닐 거예요.

대화　p. 124

가
1. 공원에

2. 자전거를 타러

3. 뭐 할 거예요?

4. 등산하러

5. 북한산이나

6. 언제예요?

7. 휴가

읽고 말하기　p. 125

가
1. 새 친구들

2. 아르바이트해요.

3. 주중

4. 낮잠을 잤어요.

5. 반

1. 사라 씨는 한국어를 배우러 한국에 왔어요.

2. 사라 씨는 수업 후에 학생 식당이나 학교 근처 식당에서 식사해요.

3. 사라 씨는 식사 후에 집에 낮잠을 자러 가요.

4. 카페 앞에 공원이 있어요. 공원에 사람이 많아요. 그래서 카페에 손님이 많아요.

5. 사라 씨는 이번 주말에 반 친구하고 같이 한국어를 공부할 거예요. 왜냐하면 다음 주에 시험이 있어요.

1. 한국어를 배우러

2. 점심을 먹으러

3. 낮잠을 자러

4. 아르바이트하러

5. 손님이 많아요.

6. 만날 거예요.

7. 공부할 거예요.

듣고 말하기　p. 127

1. 혼자

2. 박물관

3. 보여 주세요.

4. 나중에

1. 미나 씨는 방학 때 유럽에 여행 갈 거예요.

2. 미나 씨는 프랑스에 갈 거예요. 그리고 이탈리아에 갈 거예요.

3. 미나 씨는 파리에서 친구 집에 있을 거예요.

4. 미나 씨는 파리에서 박물관에 갈 거예요. 쇼핑을 할 거예요. 프랑스 음식을 많이 먹을 거예요.

5. 미나 씨는 이탈리아에서 로마나 베네치아에 갈 거예요.

1. 혼자

2. 있을

3. 공부하러

4. 또

5. 찍을

6. 다녀오세요.

5~6 복습
p. 129~132

복습　p. 129

가

통 -고 싶어요

공부하다	공부하고 싶어요	읽다	읽고 싶어요
가다	가고 싶어요	듣다	듣고 싶어요
먹다	먹고 싶어요	살다	살고 싶어요

명 (으)로①

버스	버스로	비행기	비행기로
자전거	자전거로	지하철	지하철로

통 -(으)세요①

공부하다	공부하세요	읽다	읽으세요
보다	보세요	듣다✪	들으세요
받다	받으세요	만들다✪	만드세요

통 -(으)러 가요

산책하다	산책하러 가요	찾다	찾으러 가요
사다	사러 가요	듣다✪	들으러 가요
받다	받으러 가요	놀다✪	놀러 가요

명 (이)나

빵/밥	빵이나 밥	친구/선생님	친구나 선생님
지하철/버스	지하철이나 버스	커피/차	커피나 차

통 -(으)ㄹ 거예요

여행하다	여행할 거예요	먹다	먹을 거예요
오다	올 거예요	걷다✪	걸을 거예요
받다	받을 거예요	놀다✪	놀 거예요

나
1. 첫날
2. 늦었어요.
3. 환전하러
4. 가까워요.
5. 새

다
1. 혹시 주말에 시간이 있어요?
2. 여행 잘 다녀오세요.
3. 이번 방학 때 뭐 할 거예요?
4. 다음 주 어때요?

퀴즈　p. 131

읽기

1. ③	2. ④
3. ①	4. ③
5. ④	6. ④
7. ①	

듣기

8. ①	9. ②
10. ③	

말하기

모범 답안

> 앤디 씨는 첫날 버스로 학교에 갔어요. 왜냐하면 버스 정류장이 집에서 가까워요. 그런데 길이 많이 막혔어요. 그래서 수업 시간에 늦었어요.
>
> 다음 날 앤디 씨는 지하철을 탔어요. 지하철역은 집에서 조금 멀어요. 그런데 지하철이 아주 빨랐어요. 그래서 학교에 일찍 도착했어요.

트랙 TRACK	과 UNIT	내용 CONTENTS	페이지 PAGE
1	준비 2과	듣고 말하기 나	40
2	준비 4과	듣고 말하기 나	56
3	준비과 복습	퀴즈	60
4	준비과 복습	퀴즈	60
5	1과	듣고 말하기 나, 다	69, 70
6	2과	듣고 말하기 나, 다	79, 80
7	1~2과 복습	퀴즈	84
8	3과	듣고 말하기 나, 다	93, 94
9	4과	듣고 말하기 나, 다	103, 104
10	3~4과 복습	퀴즈	108
11	5과	듣고 말하기 나, 다	117, 118
12	6과	듣고 말하기 나, 다	127, 128
13	5~6과 복습	퀴즈	132

시리즈 기획 Series Editor

김성희 Kim Song-hee

집필진 Authors

<서강한국어 초판 Sogang Korean 1A (2000)>

최정순 Choe Jeong-soon
전 배재대학교 국어국문 • 한국어교육학과 교수
Former Professor, Department of Korean Language,
Literature and Education, Paichai University
서강대학교 국어국문학과 박사
Ph.D. in Korean Linguistics, Sogang University

김지은 Kim Ji-eun
서강대학교 한국어교육원 대우전임강사
Instructor, KLEC, Sogang University
서강대학교 영어영문학과 박사
Ph.D. in English Linguistics, Sogang University

김성희 Kim Song-hee
전 서강대학교 한국어교육원 교학부장
Former Program Director, KLEC, Sogang University
서강대학교 불어불문학과 박사 수료
Ph.D. Candidate in French Linguistics, Sogang University

김현정 Kim Hyun-jung
전 서강대학교 한국어교육원 교학부장
Former Program Director, KLEC, Sogang University
이화여자대학교 불어불문학과 박사
Ph.D. in French Literature, Ewha Womans University

<서강한국어 2판 Sogang Korean New Series 1A (2008)>

김현정 Kim Hyun-jung
전 서강대학교 한국어교육원 교학부장
Former Program Director, KLEC, Sogang University
이화여자대학교 불어불문학과 박사
Ph.D. in French Literature, Ewha Womans University

김보경 Kim Bo-kyung
전 서강대학교 한국어교육원 대우전임강사
Former Instructor, KLEC, Sogang University
상명대학교 한국학과 박사
Ph.D. in Korean Studies, Sangmyung University

김정아 Kim Jeong-a
서강대학교 한국어교육원 대우전임강사
Instructor, KLEC, Sogang University
중앙대학교 노어학과 석사
M.A. in Russian Linguistics, Chung-Ang University

<서강한국어 3판 Sogang Korean 1A Third Edition (2024)>

이석란 Lee Seok-ran
서강대학교 한국어교육원 교수
Professor, KLEC, Sogang University
이화여자대학교 한국학과 한국어교육전공 박사 수료
Ph.D. Candidate in Teaching Korean as a Foreign Language, Ewha
Womans University

구은미 Koo Eun-mi
서강대학교 한국어교육원 대우전임강사
Instructor, KLEC, Sogang University
오사카외국어대학 국제언어사회전공 일본어교육 석사
M.A. in Japanese Language Education, Osaka University of Foreign Studies

홍고은 Hong Ko-eun
서강대학교 한국어교육원 대우전임강사
Instructor, KLEC, Sogang University
서울대학교 국어교육과 한국어교육전공 박사 수료
Ph.D. Candidate in Korean Language Education, Seoul National University

최연재 Choe Yeon-jae
서강대학교 한국어교육원 대우전임강사
Instructor, KLEC, Sogang University
한국외국어대학교 국어국문학과 한국어교육전공 박사 수료
Ph.D. Candidate in Teaching Korean as a Foreign Language, Hankuk
University of Foreign Studies

윤자경 Yun Ja-kyung
서강대학교 한국어교육원 대우전임강사
Instructor, KLEC, Sogang University
서울대학교 국어교육과 한국어교육전공 석사
M.A. in Korean Language Education, Seoul National University

이진주 Lee Jin-ju
서강대학교 한국어교육원 대우전임강사
Instructor, KLEC, Sogang University
서울대학교 국어교육과 한국어교육전공 석사
M.A. in Korean Language Education, Seoul National University

영문 번역 English Translation

카루쓰 데이빗 David Carruth
전문번역가
Korean-English Translator
존브라운대학교 영어영문학과 학사
B.A. in English Literature, John Brown University

영문 감수 English Proofreading

강사희 Kang Sa-hie
미국 미들베리칼리지 한국어교육원 원장 겸 교수
Professor of Korean and Director, School of Korean, Middlebury College
플로리다대학교 언어학 박사
Ph.D. in General Linguistics, University of Florida

외부 자문 Outside Counsel

남애리 Nam Ae-ree
네덜란드 레이던대학교 한국학과 교수
Lecturer, Korean Studies, Leiden University
위스콘신대학교 제2언어습득 박사
Ph.D. in Second Language Acquisition, University of Wisconsin, Madison

백승주 Baek Seung-joo
전남대학교 국어국문학과 교수
Professor, Korean Language and Literature, Chonnam National University
연세대학교 국어국문학과 박사
Ph.D. in Korean Language and Literature, Yonsei University

내부 감수 Internal Editor

김정아 Kim Jeong-a
서강대학교 한국어교육원 대우전임강사
Instructor, KLEC, Sogang University
중앙대학교 노어학과 석사
M.A. in Russian Linguistics, Chung-Ang University

엄혜진 Eom Hye-jin
서강대학교 한국어교육원 대우전임강사
Instructor, KLEC, Sogang University
한양대학교 교육공학 석사
M.A. in Educational Technology, Hanyang University

교정·교열 Copyediting and Proofreading

최선영 Choi Sun-young
서강대학교 한국어교육원 대우전임강사
Instructor, KLEC, Sogang University
이화여자대학교 한국학과 한국어교육전공 석사
M.A. in Korean Language Education, Ewha Womans University

제작진 Staff

디자인·제작 도서출판 하우
Book Design

일러스트 장명진, 이새, 강정연, 이성우
Illustration

출판에 도움을 주신 분 Special Thanks

소중한 도움을 주신 서강대학교 한국어교육원의 선생님들, 학생들 그리고 행정직원 선생님들께 감사의 마음을 전합니다. 그리고 교재 집필 중에 지원과 격려를 아끼지 않은 가족분들과 친구들에게 감사드립니다.

We would like to thank the following people for their valuable assistance: the teachers, students and administrative staff at the Sogang University Korean Education Language Center. We would also like to thank our family and friends for their support and encouragement during the writing of the textbook.

WORKBOOK 1A

저작권

© 2024 서강대학교 한국어교육원

주소   서울시 마포구 백범로 35 서강대학교 한국어교육원
Tel   (82-2) 713-8005
Fax   (82-2) 701-6692
E-mail   sogangkorean@sogang.ac.kr

 서강대학교 한국어교육원
http://klec.sogang.ac.kr
K.L.E.C

 서강한국어 교사 사이트
http://koreanteachers.org
Sogang Korean Teachers

 여름 특별과정(7-8월)
http://koreanimmersion.org
S.K.I.P

세트

ISBN	979-11-6748-153-5	서강한국어 STUDENT'S BOOK 1A
	979-11-6748-156-6	서강한국어 STUDENT'S BOOK 1A 영어 문법·단어참고서 (비매품)
	979-11-6748-157-3	서강한국어 STUDENT'S BOOK 1A 중국어 문법·단어참고서
	979-11-6748-158-0	서강한국어 STUDENT'S BOOK 1A 일본어 문법·단어참고서
	979-11-6748-159-7	서강한국어 STUDENT'S BOOK 1A 태국어 문법·단어참고서
	979-11-6748-154-2	서강한국어 WORKBOOK 1A
	979-11-6748-155-9	서강한국어 WRITING BOOK 1A
	979-11-6748-160-3	서강한국어 한글

출판·판매·유통

초판 발행   2024년 8월 22일
1판 2쇄   2024년 10월 25일
펴낸이   박영호
펴낸곳   (주)도서출판 하우
주소   서울시 중랑구 망우로68길 48
Tel   (82-2) 922-7090   **Fax**   (82-2) 922-7092
홈페이지   http://www.hawoo.co.kr   **E-mail**   hawoo@hawoo.co.kr
등록번호   제2016-000017호